MW00446974

# Voyage en France

## An Easy French Story

Easy French Reader Series for Beginners

Sylvie Lainé

# Voyage en France

## An Easy French Story

Easy French Reader Series for Beginners

Copyright


Cover and illustrations : © Sylvie Lainé


Copyright © 2013 Sylvie Lainé
All Rights Reserved. No part of this publication may be reproduced or
transmitted in any form or by any means, electronic or mechanical, including
photocopy, recording or any information storage and retrieval system,
without permission in writing from the author.

ISBN 978-2370610072

# partie 1

Louis est dans son grenier°. Là, il y a beaucoup de vieux objets : une vieille radio, des disques, des outils°, des tableaux°, des vieilles casseroles°, des vêtements°, des cartons°, des boîtes°...

| | |
|---|---|
| *grenier (m.) : attic* | *vêtement (m.) : garment* |
| *outil (m.) : tool* | *carton (m.) : cardboard box* |
| *tableau (m.) : painting* | *boîte (f.) : box* |
| *casserole (f.) : saucepan* | |

Louis range°. C'est difficile. Il y a trop de désordre°. Il n'a pas envie° de ranger.

Sa femme n'aime pas le désordre. Elle dit toujours : « Tous ces vieux objets sont ici depuis° trois ou quatre générations. C'est trop° ! » C'est vrai : c'est trop. Ici, un antiquaire serait° heureux...

| | |
|---|---|
| *ranger : to tidy up* | *depuis : since* |
| *désordre (m.) : untidiness* | *trop : too much* |
| *avoir envie de : to feel like* | *serait : would be* |

Louis soupire°. Il pense° : « C'est une bonne idée. Je vais appeler un antiquaire. Ce sera° plus facile... Où est-ce que je mets° cette lampe ? Et ce vieux vase chinois ? Il n'y a plus° de place ! »

| | |
|---|---|
| *soupirer : to sigh* | *mettre : to put* |
| *penser : to think* | *ne ... plus : no longer, not... any* |
| *sera : will be* | *more* |

Il ouvre° une boîte. Dans la boîte, il y a des photos et des vieilles cartes postales. Il pense : « Bon, je vais regarder les photos dans le salon. J'ai mérité° une bonne tasse de thé.. » Il prend° la boîte sous son bras°. Il sort° du grenier.

*ouvrir : to open*
*mériter : to deserve*
*prendre : to take*
*bras (m.) : arm*
*sortir : to go out*

Lentement°, il descend° les escaliers°. Il n'est plus tout jeune. Il arrive sur le palier°, au premier étage. Devant° une porte fermée, il s'arrête°. C'est la chambre. Il entend le bruit° d'une machine à coudre°. Il frappe°, mais il n'entre pas. Il demande : « Melba, tu veux aussi une tasse de thé ? » Une voix répond : « Coucou ! Oui, très bonne idée. »

*lentement : slowly*          *s'arrêter : to stop*
*descendre : to go down*      *bruit (m.) : noise, sound*
*escalier (m.) : stairs*      *machine à coudre (f.) : sewing*
*palier (m.) : landing*       *machine*
*devant : in front of*        *frapper : to knock*

Louis descend au rez-de-chaussée°. Dans le salon, il met la boîte sur la table ; puis il va dans la cuisine. Il met de l'eau dans la bouilloire° électrique, et du thé dans la théière ; il pose deux tasses° sur un plateau°. Quand le thé est prêt°, il porte° le plateau dans le salon. Devant les escaliers, il appelle une nouvelle fois° : « Melba ! Le thé est prêt. Tu descends au salon ?
— Oui, j'arrive. »

rez-de-chaussée (m.) : first floor
bouilloire (f.) : kettle
tasse (f.) : cup
plateau (m.) : tray

prêt : ready
porter : to carry
une nouvelle fois (f.) : another time

Louis s'assoit° dans un fauteuil°. Il entend des pas° dans les escaliers. C'est Melba, sa femme. C'est une grande femme mince° et élégante ; ses cheveux sont gris et bouclés°. Elle a un pantalon bleu et un corsage° blanc. Elle demande :

« Alors, le grenier ?

— Il n'y a plus de place, Melba. Toutes ces choses et tous ces cartons... Il faut organiser un marché aux puces° ou appeler un antiquaire. Mais regarde... » Louis montre° la boîte. « J'ai trouvé° ça. »

s'asseoir : to sit down
fauteuil (m.) : armchair
pas (m.) : step
mince : slim
bouclé : curled

corsage (m.) : blouse
marché aux puces (m.) : flea market
montrer : to show
trouver : to find

Louis ouvre la boîte et met quelques° photos sur la table. Beaucoup sont en noir et blanc, d'autres° sont en couleur. « Regarde celle-là°. » On peut voir une jeune personne, en maillot° de bain, sur la plage. C'est Melba. Sur la photo, elle a vingt-cinq ou trente ans. Sur une autre photo, des enfants jouent au ballon. Il y a une inscription au dos° : « Vacances en Italie, août 1970. »

quelques : a few
d'autres : others
celle-là : that one

maillot de bain (m.) : bathing suit
dos (m.) : the back

Louis fouille° dans la boîte. Il trouve des vieilles cartes postales. Ce sont des souvenirs d'Italie, de France, d'Espagne… On peut voir la tour de Pise, Venise, Barcelone… Louis et Melba regardent. Ils se souviennent°… Les photos, c'est un voyage dans le passé°.

*fouiller : to rummage through*
*se souvenir : to remember*
*passé (m.) : past*

Tranquillement°, il terminent leur thé. Enfin, Melba se lève°. Elle dit : « Bon. J'ai du travail. Et toi ? Qu'est-ce que° tu fais avec le grenier ?
— Je ne sais pas. Tu ne penses pas que... » Mais il est distrait°. Il a trouvé quelque chose. « Oh ! Regarde ça… »

*tranquillement : quietly*　　　　*qu'est-ce que : what*
*se lever : to get up*　　　　　*distrait : absentminded*

Dans sa main°, il tient° un vieil objet. Mais Melba est déjà° sortie. C'est une femme pressée°. Louis regarde l'objet. C'est une bande° vidéo. « Alors, ça! C'est notre court-métrage°… »

*main (f.) : hand*　　　　　*pressé : hurried*
*tenir : to hold*　　　　　　*bande (f.) : videotape*
*déjà : already*　　　　　　*court-métrage (m.) : short film*

Quand il était° étudiant, Louis était passionné° de vidéo. Avec son meilleur° ami, il avait° fait un petit film. Tous les week-ends, quand ils avaient le temps, ils tournaient°. Les acteurs étaient des amis, des camarades…

*il était : he was, used to be*
*passionné de : passionate about*
*meilleur : best*
*il avait : he had, used to have*
*tourner : to turn, here : to shoot*

Louis se souvient° du scénario. C'est l'histoire d'un homme qui cherche° un ami d'enfance°. Mais le film n'est pas terminé. Avec les études, les examens et les événements° de la vie°, ils n'ont pas continué. L'homme du film n'a pas retrouvé son vieil ami.

*se souvenir de : to remember*
*chercher : to look for*
*enfance (f.) : childhood*

*événement (m.) : event*
*vie (f.) : life*

Louis fouille encore dans la boîte. Il y a peut-être° une photo ? Une photo de George, son meilleur ami ?

*peut-être : maybe*

Effectivement°, il trouve une vieille photo. Elle a environ quarante-cinq ans. Elle est très abîmée°. Sur la photo, George a un pantalon élégant et une chemise° blanche. Il est dans un parc, les mains dans les poches°. Son visage° est mélancolique, mais son regard° est passionné. C'était un garçon doux° et sensible°. « C'était mon meilleur ami. Qu'est-ce qu'il fait, maintenant ? »

*effectivement : indeed*
*abîmé : damaged*
*chemise (f.) : shirt*
*poche (f.) : pocket*

*visage (m.) : face*
*regard (m.) : look, expression*
*doux : soft, mild*
*sensible : sensitive*

Louis se souvient. Après les études, George voulait° partir°. Il voulait vivre° à Paris.

*voulait : wanted*
*partir : to leave*
*vivre : to live*

Louis est pensif°. Il réfléchit. Il revoit son ami, sa jeunesse°, leur film inachevé°. Petit à petit, une idée germe° dans sa tête°…

*pensif : pensive, thoughtful*
*jeunesse (f.) : youth*
*inachevé : unfinished*
*germer : to sprout, to form*
*tête (f.) : head, mind*

A midi, dans la salle à manger°, Louis et Melba terminent° leur dessert. Ils discutent°. Louis a un projet. Un projet important. Mais Melba est perplexe :
« Tu veux aller à Paris ?
— Oui, c'est une idée formidable. George et moi, nous n'avons pas terminé notre film. Notre homme cherche encore son ami d'enfance. Mais si moi, je retrouve George, l'histoire sera° enfin terminée ! Tu comprends ?

*salle à manger (f.) : dining room*
*terminer : to finish*
*discuter : to talk*
*sera : it will be*

— Non. Je ne vois° pas le rapport°...

— La fiction devient° réalité. Je cherche un ami d'enfance, comme° dans le film... C'est trop beau ! C'est un appel° du destin° !

— Voilà un bien grand mot... Paris est grand ! Comment vas-tu trouver George ? Et tu ne parles pas français...

— D'abord, je parle un peu français. Et toi, tu parles très bien français.

— Mais j'ai mon travail. Je ne peux pas venir°. Louis, à ton âge, tu n'es pas raisonnable°. »

| | |
|---|---|
| voir : to see | appel (m.) : call |
| rapport (m.) : connection, relation | destin (m.) : destiny |
| devenir : to become | venir : to come |
| comme : like | raisonnable : reasonable |

Louis réfléchit. « J'ai peut-être° un indice°. Un jour, George a envoyé° une lettre de France. Il y a peut-être une adresse sur l'enveloppe°.

— Où est cette lettre ? demande Melba.

— Je ne sais pas... Peut-être dans une autre boîte, au grenier. »

Melba secoue° la tête :

« Tu n'es pas réaliste.

peut-être : maybe
indice (m.) : sign, indication
envoyer : to send
enveloppe (f.) : envelope
secouer : to shake

— Tu ne comprends pas, Melba. George était mon meilleur ami.

— Oui. Je comprends bien. Mais tu ne l'as pas vu°
depuis° quarante ans !

— Cela n'a pas d'importance. Je vais aller à Paris, et
tu viens avec moi.

— Je ne viens pas avec toi. Je dois° terminer une
robe° pour dimanche.

— Ta robe est pour dimanche ? Alors, nous pouvons
partir lundi.

— Écoute, Louis. D'abord, trouve cette adresse. On
verra° ensuite. »

*vu (v. voir) : seen*
*depuis : since*
*devoir : to have to*
*robe (f.) : dress*
*on verra (v. voir) : we will see*


Après le dessert, Melba retourne dans sa chambre.
Louis remonte° au grenier. Ce nouveau projet lui donne° de
l'énergie. Il monte les escaliers deux fois° plus vite que
d'habitude°. Tout l'après-midi, il fouille° dans des boîtes,
des malles°, des cartons... Il trouve beaucoup de lettres et
de cartes postales. Mais la lettre de George n'est pas là.

*remonter : to go back up*
*donner : to give*
*deux fois : twice*
*d'habitude : usually*

*fouiller : to rummage through*
*malle (f.) : trunk*


Il réfléchit : « Est-ce que cette lettre existe
vraiment° ? » Il fouille dans sa mémoire. Oui, il se souvient
d'une lettre. Elle est arrivée il y a° très longtemps. C'est
sûr. Mais où est-elle ? « Même si° je dois chercher toute la
nuit, je vais la trouver.» Seul dans le grenier, Louis ouvre

des boîtes, examine toutes les lettres, toutes les cartes, toutes les enveloppes...

*vraiment : really*
*il y a : ago*
*même si : even if*


Pendant° ce temps, Melba est dans sa chambre. Elle coud°. Elle fait des robes° de mariée. C'est sa passion. Mais c'est aussi un travail long et minutieux°. Il faut beaucoup de patience°. Dans la chambre, il y a des tissus° partout° : de la soie°, du satin°, des rubans°, des fleurs, des perles°...

*pendant : during*
*coudre : to sew*
*robe de mariée : wedding dress*
*minutieux : detailed*
*patience (f.) : patience*

*tissu (m.) : fabric*
*partout : everywhere*
*soie (f.) : silk*
*satin (m.) : satin*
*ruban (m.) : ribbon*
*perle (f.) : bead*


Penchée° sur sa machine, Melba est concentrée. Elle doit contrôler tous ses gestes°. Chaque° détail, chaque millimètre est important. Avec une grande précision, son pied° contrôle la pédale. Le geste est doux et régulier. Ses mains guident° le tissu.

*penché : leaning*
*geste (m.) : gesture, movement*
*chaque : each*
*pied (m.) : foot*
*guider : to guide*

Tout à coup°, la porte s'ouvre violemment°. Melba sursaute°. Son pied enfonce° la pédale ; le fragile satin s'échappe° ; la machine part à la débandade°. « Zut° ! dit Melba.

— 23 rue° Duchat Quissagite », crie Louis. Il secoue° une lettre dans sa main, ravi°. « On part lundi. Fais ta valise°, je vais réserver les billets sur Internet. »

| | |
|---|---|
| tout à coup : suddenly | zut : drat |
| violemment : violently | rue (f.) : street |
| sursauter : to jump | secouer : to shake |
| enfoncer : to push in, to crush | ravi : delighted |
| s'échapper : to escape | valise (f.) : bag |
| à la débandade : in disarray | |

Louis a un ordinateur°, un cadeau° de son fils. Au début°, il était sceptique. Qu'est-ce qu'il allait faire avec un ordinateur ? Mais maintenant°, il est bien content. L'ordinateur est très utile. Avec les touches°, on peut écrire. On lit les mots° sur un écran°. Avec une petite boîte, la "souris"°, on peut "cliquer" et "naviguer". C'est difficile. Louis doit apprendre. Il y a aussi l'Internet. L'Internet donne des informations.

| | |
|---|---|
| ordinateur (m.) : computer | touche (f.) : key |
| cadeau (m.) : gift, present | mot (m.) : word |
| début (m.) : beginning | écran (m.) : screen |
| maintenant : now | souris (f.) : mouse |

Il lit : « Réservez votre billet en ligne°. Bon, je clique. »

Debout° derrière° lui, Melba est inquiète° : « Lis bien toutes les informations. Tu n'as pas fait d'erreur° ?

— Oui : aller-retour Londres-Paris, le lundi 26 mai. Départ à huit heures trente-cinq. C'est bon. Maintenant, je clique sur "réserver". »

*en ligne : online*
*debout : standing*
*derrière : behind*
*inquiet : worried*
*erreur (f.) : error*

Louis positionne la souris sur "réserver". D'une main mal assurée°, il clique. Puis il attend quelques secondes. Mais rien ne se passe°. Melba s'énerve°. Elle dit : « Tu as cliqué à côté° ! Pourquoi tu ne réserves pas par téléphone ? C'est beaucoup plus rapide. Ces engins° sont insupportables°. Nous attendons depuis une heure…

*mal assuré : hesitantly*           *cliquer à côté : to miss*
*se passer : to happen*             *engin (m.) : machine, device*
*s'énerver : to get angry*          *insupportable : unbearable*

— Melba, vas terminer ta robe. Je me concentre.
— Je ne peux pas travailler. Je suis trop nerveuse. Tu peux faire des erreurs. »
Il positionne encore le curseur et clique. Maintenant, l'ordinateur réagit°. Quelques secondes plus tard, une nouvelle page° apparaît°.

*réagir : to react*
*page (f.) : page*
*apparaître : to appear*

Louis est content°. C'est la page de paiement°. Il demande :

« Tu as le numéro de la carte de crédit ? »

Mais Melba hésite° : « C'est risqué°... Il faut donner son numéro de carte de crédit !

— Tout le monde° fait ça, Melba, dit Louis. Tu peux aller chercher° la carte ?

— Tu es sûr° que c'est sécurisé ?

— Il y a un petit symbole dans l'adresse : Paul dit que c'est sécurisé. »

| | |
|---|---|
| *content : happy* | *tout le monde : everyone* |
| *paiement : payment* | *aller chercher : to go and get* |
| *hésiter : to hesitate* | *sûr : sure* |
| *risqué : risky* | |

Melba soupire°. Elle ouvre un placard° et prend son sac° à main. Louis tape° le numéro de la carte de crédit. C'est long. Il n'a pas l'habitude°. Enfin, il clique sur "confirmer le paiement". Maintenant, il faut attendre...

*soupirer : to sigh*
*placard (m.) : cupboard*
*sac (m.) à main : handbag*
*taper : to type*
*avoir l'habitude (f.) : to be used to*

Tout à coup, un message d'erreur apparaît : « Session expirée°. » Louis et Melba se regardent, interloqués°. Il faut tout recommencer. Enfin, une heure plus tard, les billets de train sont réservés, payés et imprimés°.

*expiré : expired*
*interloqué : taken aback*

*imprimer : to print*

Louis est fatigué mais heureux. Melba est de mauvaise humeur°. « Tout ce temps perdu°, dit-elle. Je dois préparer le dîner et bâcler° ma robe, parce que Monsieur va à Paris lundi.

— Allons°, dit Louis. Ce sera° un très beau voyage. » Il embrasse° sa femme. « Merci, ma chérie. »

*mauvaise humeur (f.) : bad mood*
*perdu (v. perdre) : lost*
*bâcler : to dash off, to botch*

*allons (v. aller) : come on*
*ce sera (v. être) : it will be*
*embrasser : to kiss*

Le lendemain° midi, Louis et Melba sont dans la cuisine. Ils déjeunent. Le repas° est délicieux. Melba est une excellente cuisinière°. D'ailleurs, tout ce que° fait Melba est parfait.

« Ça avance°, ta robe de mariée ? demande Louis.

— Oui, ça va. Mais, au fait°...Tu as réservé une chambre d'hôtel ? »

*le lendemain : the next day*
*repas (m.) : meal*
*cuisinière (f.) : cook*

*tout ce que : everything that*
*avancer : to go forward*
*au fait : by the way*

Le visage° de Louis change. « Zut ! dit-il. C'est vrai. Il faut réserver une chambre. J'avais° oublié°.

— Tu sais que c'est difficile de trouver un hôtel à Paris ? Et nous partons dans trois jours !

— Je vais demander à Paul. Il va réserver un hôtel pour nous sur Internet.

*visage (m.) : face*
*j'avais (v. avoir) : I had, used to have*
*oublier : to forget*

— Tu ne peux plus vivre° sans° Internet ! Il y a aussi des agences° de voyages en ville. Nous pouvons téléphoner cet après-midi.

— Oui, mais si Paul réserve aujourd'hui sur Internet, nous gagnerons° du temps.

— Bon, d'accord°. » Melba se lève. « Tu veux un dessert ? Un yaourt ? Je vais dans la chambre pour travailler.

— Non, merci, ma chérie. Je n'ai plus faim°. Si tu veux, je vais ranger° la vaisselle°. Ensuite, je vais appeler Paul. »

*vivre : to live*
*sans : without*
*agence (f.) de voyages : travel agency*
*gagner du temps : to save time*

*d'accord : okay*
*avoir faim : to be hungry*
*ranger : to put away*
*vaisselle (f.) : dishes*

Louis est seul° dans la cuisine. Il range les assiettes dans le lave-vaisselle°. Il essuie° la table, puis il va au salon. Il prend le téléphone et fait un numéro. « Allô, Paul ? C'est ton père... Oui, ça va. Et chez vous ? Les petiots° vont bien ?... Parfait... Magnifique... Dis donc, peux-tu me rendre° un service ? Nous allons à Paris lundi... Eh oui ! Nous avons envie° d'un petit voyage... Des petites vacances...

*seul : alone*
*lave-vaisselle (m.) : dishwasher*
*essuyer : to wipe, to dry*

*rendre un servic) : to do a favor*
*avoir envie de : to feel like, to want*

*petiot (m.) : teeny-weeny*

« Tu peux nous réserver une chambre d'hôtel sur Internet ? Si possible aujourd'hui... Oui, je sais, j'ai l'ordinateur, mais... C'est trop long. Je ne suis pas doué°... D'accord ! À plus tard ! » Il raccroche°.

Un quart d'heure plus tard, le téléphone sonne°. « Allô ? Oui... C'est parfait... ! Merci, Paul ! Eh bien, bonne journée, maintenant. Oui, nous téléphonerons de Paris... Au revoir ! »

*doué : gifted, talented*         *sonner : to ring*
*raccrocher : to hang back up*

Louis est content : Paul a réservé une chambre d'hôtel. Il a envoyé° l'adresse par e-mail. Maintenant, il faut chercher le message, caché° quelque part° dans l'ordinateur...

*envoyer : to send*
*caché : hidden*
*quelque part : somewhere*

Les jours passent°. Le vendredi, Louis prépare le voyage. Il se demande : « Qu'est-ce qu'il faut emporter° ? Je vais faire une liste... » Sur un papier, il note : adresse de l'hôtel, billets de train, carte de crédit, numéro de Paul, adresse de George, dictionnaire de français... De cette manière°, le week-end arrive très vite.

*passer : to go past*
*emporter : to take*
*de cette manière : this way*

Louis et Melba se voient seulement° pendant° les repas. Melba est occupée° toute la journée avec sa machine à coudre. La robe doit être parfaite. La future mariée vient la chercher° demain.

Le samedi, Melba termine la robe, et Louis visite Paris sur Internet...

*seulement : only*
*pendant : during*
*occupé : busy*
*venir chercher : to come and get*

Enfin, le dimanche, ils font les bagages°. Dans une grande valise, ils mettent des vêtements, un appareil photo, la vieille vidéo... Ils ferment° la valise, et Melba dit : « Voilà, nous sommes prêts°.

— Qu'est-ce qu'on fait, maintenant ? » demande Louis.

Melba propose : « Réfléchissons° au programme du voyage. Nous restons° à Paris une semaine. Nous allons peut-être trouver George. Mais ensuite° ?

*bagage (m.) : luggage*
*fermer : to close*
*prêt : ready*

*réfléchir : to think about*
*rester : to stay*
*ensuite : afterwards, then*

— Je voudrais monter° sur la tour Eiffel.
— A notre âge ?
— J'ai toujours rêvé° de monter sur la tour Eiffel.
— Je voudrais visiter le Louvre et le musée d'art moderne.
— On peut faire une balade° à Montmartre, Notre-Dame...

— Il faut acheter des souvenirs pour Paul et les petits-enfants.

— Ah, Melba ! Nous allons faire un très beau voyage à Paris ! C'est merveilleux°. Ce sera comme une deuxième lune de miel°. »

*monter : to go up, to climb*
*rêver : to dream*
*balade (f.) : stroll, walk*
*merveilleux : wonderful*
*lune (f.) de miel : honeymoon*

Melba hausse° les sourcils. Puis elle rit°. « Oui, si tu veux.» Elle se lève et embrasse son mari°. « Ce sera un beau voyage. Mais un dernier détail : quelqu'un doit arroser° les plantes pour nous la semaine prochaine. Je vais appeler Corinna. »

*hausser les sourcils : to raise one's eyebrows*
*rire : to laugh*
*mari (m.) : husband*
*arroser : to water*

Avec énergie, elle ouvre la porte et sort°. Louis est admiratif. On oublie° facilement qu'elle a bientôt soixante-douze ans. Avec moins de souplesse° que son épouse°, mais heureux, il se lève° aussi. Demain est un grand jour !

*sortir : to go out*
*oublier : to forget*
*souplesse (f.) : suppleness*

*épouse (f.) : wife*
*se lever : to get up, to stand up*

Nous sommes lundi. Il est sept heures trente du matin, à la gare de Londres. Louis pousse° la valise sur un grand chariot°. Melba marche° à côté° de lui. Les yeux levés, ils examinent les écrans° d'information. Il faut trouver l'accès° au train Eurostar. Heureusement, ils sont en avance°. Le départ est dans une heure.

| | |
|---|---|
| pousser : to push | écran (m.) : screen |
| chariot (m.) : trolley | accès (m.) : entry, entrance |
| marcher : to walk | en avance : early |
| à côté de : next to | |

Louis hésite° : « C'est à gauche.
— Non, c'est à droite. A gauche, ce sont les arrivées°. Il faut suivre° les flèches°.
— Mais c'est écrit… Ah ! Oui, tu as raison°. »
Ils continuent. Finalement, un panneau° indique le contrôle des passeports. Ils passent une porte ; ils arrivent à un guichet°.

| | |
|---|---|
| hésiter : to hesitate | avoir raison : to be right |
| arrivée (f.) : arrival | panneau (m.) : signpost |
| suivre : to follow | guichet (m.) : counter |
| flèche (f.) : arrow | |

Il y a déjà° du monde°. Il faut faire la queue°. Quand leur tour° vient, ils montrent° leurs papiers d'identité. Maintenant, il faut traverser° un long et large couloir°.

déjà : already
du monde (m.) : people
faire la queue : to stand in line, to queue

*mon/son tour vient : my / his / her turn is coming*
*montrer : to show*
*traverser : to cross*
*couloir (m.) : corridor, passage*

Enfin, ils entrent dans une grande salle. Ils s'assoient° ; il faut attendre. Le train n'est pas encore arrivé ; les guichets d'embarquement° sont encore fermés.

*s'asseoir : to sit down*
*embarquement (m.) : boarding*

« Il y a une librairie°, dit Melba. Je vais acheter un magazine et des mots croisés°. Tu veux quelque chose ?
— Non, merci », répond° Louis.

*librairie (f.) : bookstore*
*mots croisés (m. pl.) : crossword puzzle*
*répondre : to answer*

Quand Melba revient, les guichets sont ouverts°. Maintenant, ils peuvent valider° les billets et monter dans le train. Encore un dernier effort°, et Louis monte la valise dans le wagon. C'est lourd°. Un voyageur aimable° offre° son aide°.

*ouvert : open*　　　　　　*aimable : friendly*
*valider : to validate*　　*offrir : to offer*
*effort (m.) : effort*　　　 *aide (f.) : help*
*lourd : heavy*

Enfin, ils peuvent s'asseoir. Louis pousse un soupir°
de soulagement°. « Ouf ! Enfin là. Je suis bien content… »

*soupir (m.) : sigh*          *soulagement (m.) : relief*

Le voyage côté° anglais passe° vite. Louis regarde le
paysage°, pendant que Melba fait des mots croisés.

*côté (m.) : side*
*passer : to go past ; to pass by*
*paysage (m.) : landscape*

Tout à coup, le train est plongé° dans le noir. La
lumière° électrique s'allume°. Le tunnel dure° vingt
minutes, puis le jour réapparaît°.

*plongé : plunged*
*lumière (f.) : light*
*s'allumer : to light up*
*durer : to last*
*réapparaître : to reappear*

« C'était rapide, dit Louis. Ce n'était pas le tunnel
sous la Manche°.
— Bien sûr, Louis ! C'était le tunnel sous la Manche.
— On n'a même° pas vu° la mer°… Il y a sûrement un
autre° tunnel plus loin.
— Je ne crois pas, Louis. Réveille-toi° ! Nous sommes
en France. »

*la Manche : the Channel*          *mer (f.) : see*
*même pas : not even*              *autre : other*
*vu (v. voir) : seen*              *se réveiller : to wake up*

Louis regarde le paysage et attend°. Mais il n'y a pas d'autre tunnel. Les arbres, les champs°, les maisons défilent° devant° ses yeux. Déjà, le train s'arrête°. Il arrive à destination. « Eh bien, ça y est° ! C'est merveilleux ! Nous sommes à Paris. Finalement, la plus grande partie se passe dans la gare… »

attendre : to wait
champ (m.) : field
défiler : to succeed one another

devant : in front of
s'arrêter : to stop
ça y est : that's it

Ils se lèvent et récupèrent° leur valise. Maintenant, c'est le processus inverse°. Il faut descendre° du train, passer la douane° et les contrôles. C'est long ; il faut beaucoup marcher.

récupérer : to get back
inverse : opposite
descendre : to go down
douane (f.) : customs

Quand, enfin, ils arrivent dans la rue, le soleil° brille°. Paris les accueille° dans la lumière… et le bruit°. Effectivement, il y a beaucoup de circulation° : voitures, bus, motos, et même° des vélos. Louis pose° la valise sur le trottoir°. « Pour aller à l'hôtel, je propose de prendre un taxi. »

soleil (m.) : sun
briller : to shine
accueillir : to greet, to welcome
bruit (m.) : noise, sound

circulation (f.) : traffic
même : even
poser : to put (down)
trottoir (m.) : sidewalk

Devant la gare, il y a une station de taxis. Des gens attendent. Encore une fois, il faut faire la queue. Tranquillement, Louis et Melba regardent les passants°. Les jeunes ont des casques° sur les oreilles° ; les hommes ont des attachés-cases, et les femmes ont de belles jupes° élégantes. Louis pense : « J'ai une idée. Je vais pratiquer mon français. » Il a étudié le français à l'école, il y a° très longtemps°.

| | |
|---|---|
| passant (m.) : passerby | jupe (f.) : skirt |
| casque (m.) : headphones | il y a : ago |
| oreille (f.) : ear | longtemps : a long time |

Dans la queue, devant lui, il y a une jeune femme. Elle a peut-être vingt-cinq ou trente ans. Elle a l'air° sympathique. « Pardon, mademoiselle. C'est ici, le taxi ? demande Louis en français.
— Mmmmh...» répond la jeune femme, la tête° ailleurs°. Louis lève° son chapeau°. « Merci, mademoiselle. » Il est content. C'est un succès. La jeune femme a très bien compris°.

| | |
|---|---|
| avoir l'air : to seem, to look | chapeau (m.) : hat |
| tête (f.) : head, mind | compris (v. comprendre) : |
| ailleurs : elsewhere | understood |
| lever : to raise | |

Melba hausse un sourcil° et dit, étonnée° : « Nous attendons depuis dix minutes, et tu demandes si° nous sommes à la station de taxi ?
— Oui, je voudrais pratiquer mon français. Il est un peu rouillé°.»

*sourcil (m.) : eyebrow*  *si : if*
*étonné : surprised*  *rouillé : rusty*

Enfin, c'est leur tour. Un taxi arrive. Le chauffeur met la valise dans le coffre°. Ils montent dans la voiture. Dans un français impeccable°, Melba indique l'adresse de l'hôtel. La voiture démarre°. Le chauffeur est un homme sympathique, avec une casquette° et une moustache°. Il demande : «Vous êtes en vacances ?

*coffre (m.) : trunk*  *casquette (f.) : cap*
*impeccable : perfect*  *moustache (f.) : moustache*
*démarrer : to start up*

— Oui, commence Louis en français. Nous avons, euh… Nous regardons… »

Il demande à Melba en anglais : « Comment dit-on "chercher" en français ?

— On dit "chercher". »

Melba dit au chauffeur : « Nous cherchons un vieil ami de mon mari. Mais nous voulons aussi visiter la ville.

— Exactement ! dit Louis. "Chercher"… "nous cherchons"… »

Le chauffeur demande : « Vous restez combien de temps ?

— Une semaine, répond Melba.

— Semelle°… pense Louis. Oui, je me souviens° : "à la semelle prochaine" !

*semelle (f.) : sole*
*se souvenir : to remember*

— Vous venez d'Angleterre ?

— Oui, nous sommes de Londres, dit Melba.

— "Nous sommes", pense Louis. Verbe "être". J'ai oublié les conjugaisons aussi...

— Oh ! Je connais bien Londres, dit le chauffeur de taxi. J'ai habité là-bas dans ma jeunesse°... » Et il commence à raconter°. Il parle très vite en français. Louis ne comprend plus°. Pendant que Melba discute avec le chauffeur de taxi, il rêve°.

*jeunesse (f.) : youth*
*raconter : to tell*
*ne... plus : no longer, not... anymore*
*rêver : to dream*

Il regarde la rue, le ciel°, les nuages°... Il voit des maisons anciennes et modernes, des boutiques, des cafés... Quand il y a un feu° rouge, le taxi s'arrête°. Quand le feu est vert, il repart°. Il roule° vite. Il dépasse° les bus et les vélos.

*ciel (m.) : sky*
*nuage (m.) : cloud*
*feu (m.) : traffic light*
*s'arrêter : to stop*

*repartir : to start again*
*rouler : to drive*
*dépasser : to overtake, to pass*

Tout à coup, la voiture arrive au bord° de la Seine. C'est magnifique. On peut voir loin°. Des gens se promènent°. Sur la rive°, des marchands vendent des vieux livres dans des grands coffres°. Puis il y a un petit tunnel, et finalement... un embouteillage°.

*au bord de : at the edge of*
*loin : far*

*se promener : to go for a walk riv*
*(f.) : bank*

*coffre (m.) : boot*
*embouteillage (m.) : bottleneck, traffic jam*

Pendant un quart d'heure, la voiture n'avance° plus. Les automobilistes klaxonnent° et s'énervent°. Le chauffeur de taxi rouspète° aussi. Maintenant, ce sont les vélos qui dépassent les voitures. Enfin, le taxi repart. Il entre dans un autre quartier°. Quelques minutes plus tard°, il s'arrête dans une petite rue.

*avancer : to go forward*            *rouspéter : to fuss*
*klaxonner : to honk*                *quartier (m.) : district*
*s'énerver : to get angry*           *plus tard : later*

« Nous sommes arrivés, dit le chauffeur. Votre hôtel est ici. » Louis et Melba payent. Le chauffeur descend de la voiture, ouvre les portières° et pose la valise sur le trottoir. La rue est calme. Ici, il y a moins° de voitures. Plus loin, on peut voir quelques magasins et un café.

*portière (f.) : door*
*moins de : fewer*

À la réception de l'hôtel, Melba demande en français : « Bonjour, madame. Nous avons une réservation pour une chambre double, s'il vous plaît.
— Oui, répond la réceptionniste. C'est à quel nom ?
— C'est au nom de Roy. Louis Roy.
— Très bien, messieurs dames. C'est la chambre 205, au deuxième étage. Voici la clé°.
— Merci, mademoiselle. »

*clé (f.) : key*

Louis et Melba prennent l'ascenseur°. Puis ils traversent° un petit couloir°. Ils arrivent à la chambre. C'est une chambre simple mais jolie. Il y a un lit pour deux personnes, une commode°, une télévision, une armoire° et une petite salle de bains. Un balcon donne° sur la rue. Louis pose la valise.

| | |
|---|---|
| *ascenseur (m.) : lift* | *commode (f.) : chest of drawers* |
| *traverser : to cross, to go through* | *armoire (f.) : wardrobe* |
| *couloir (m.) : corridor* | *donner sur : to open onto* |

Melba va dans la salle de bains et dit : « C'est très bien. Paul a bien choisi°. »

Elle revient dans la chambre et demande : « Et maintenant, qu'est-ce qu'on fait ?

— Tu veux te reposer° avant de descendre ? Tu n'es pas fatiguée ?

— Non, et toi ?

— Moi non plus. Mais j'ai bientôt faim. Tu veux manger quelque chose, toi aussi ?

— On cherche un restaurant ? Ou plutôt un café ? Je préfère manger léger°, ce midi.

— Nous pouvons aller dans le quartier de George et chercher un restaurant ou un café là-bas°.

— D'accord°. »

*choisi : chosen*
*se reposer : to have a rest*
*léger : light*
*là-bas : over there*
*d'accord : okay*

Ils redescendent à la réception. La jeune femme est toujours° là. Pour Louis, c'est encore une occasion° de pratiquer son français. Il demande : « Pardon, mademoiselle. Vous êtes un plan de ville ? » Melba tire° son mari par la manche°. Elle souffle° : « Louis ! "Vous avez", et pas : "vous êtes". »

*toujours : still*
*occasion (f.) : chance, opportunity*
*tirer : to pull*
*manche (f.) : sleeve*
*souffler : to whisper*

— Oh, pardon ! Vous avez un plan de ville, s'il vous plaît ? »

La jeune femme rit et répond en anglais : « Oui, monsieur, je vais vous montrer° où nous sommes. »

*montrer : to show*

Elle prend un plan de ville et le pose sur le comptoir°. Louis est un peu vexé° : « Tu peux parler français, mademoiselle. Je comprends très bien.

— "Vous pouvez", dit Melba, horrifiée°.

— Oh, désolée ! répond la jeune femme, cette fois° en français. Alors, voilà : nous sommes ici. » Elle indique° un point avec son stylo.

*comptoir (m.) : counter*
*vexé : upset*
*horrifié : horrified*
*cette fois : this time*
*indiquer : to show, to point out*

« Merci beaucoup, mademoiselle. Et il y a un arrêt°
de bus, ici ?

— Oui, vous avez un arrêt au coin° de la rue. Où est-
ce que vous allez ?

— Dans la rue Duchat Quissagite.

— C'est dans le Quartier latin. Vous avez de la
chance° : il y a un bus direct. Le trajet dure quarante
minutes. Après, il est facile de trouver votre rue.

— Où est-ce qu'on achète les tickets ?

— Il faut° demander au chauffeur.

— Merci bien, mademoiselle. Bonne journée ! »

*arrêt (m.) de bus : bus stop*
*coin (m.) : corner*
*avoir de la chance (f.) : to be lucky*
*il faut : one has to*

— Oh ! Une autre question, s'il vous plaît. Il y a…
Comment vous dites … Un automate pour la monnaie ?

— Vous voulez dire : un distributeur° de billets ?

— Oui, c'est ça.

— Il y a un distributeur à l'entrée° de l'hôtel.

— Merci, mademoiselle. »

*distributeur (m.) de billets : cash-point*
*entrée (f.) : entrance*

Dehors°, Louis veut parler français. Il demande
encore trois ou quatre fois son chemin° : « Il y a un
distributeur, ici ?... Pardon, monsieur. Où est l'arrêt de bus
numéro trente et un ?... Excusez-moi, c'est quelle direction
pour aller au Quartier latin ?... »

Melba s'impatiente° : « Tu m'énerves°. »

*dehors : outside*  
*chemin (m.) : way, path*  

*s'impatienter : to lose patience*  
*énerver qn : to irritate s.o.*


Malheureusement, le bus est bondé°. Louis et Melba trouvent seulement une place. « Assieds-toi°, dit Louis. Je vais rester debout°. » Mais un monsieur aimable se lève et dit : « Monsieur, prenez ma place.
— Merci, c'est très gentil. »

*bondé : crammed, full*  
*assieds-toi : sit down*  
*rester debout : to remain standing*


Assis° dans le bus, Louis et Melba regardent la ville défiler° par la fenêtre°. Le voyage est un peu long ; le bus s'arrête souvent. Il y a beaucoup de circulation. Enfin, ils arrivent dans le Quartier latin. Louis appuie sur le bouton d'arrêt°. Le bus s'arrête. Ils descendent.

*assis : sitting*  
*défiler : to stream past*  

*fenêtre (f.) : window*  
*arrêt (m.) : stopping, halt*


Le Quartier latin est un quartier animé°. Il y a beaucoup de monde dans la rue, beaucoup de magasins, de voitures... Louis et Melba choisissent un café terrasse. C'est un café parisien typique, avec des petites tables et des petites chaises°. Les murs° sont décorés° avec des affiches° de Toulouse-Lautrec.

*animé : lively*  
*chaise (f.) : chair*  
*mur (m.) : wall*  

*décoré : decorated*  
*affiche (f.) : poster*

Derrière° le comptoir, le serveur essuie° des verres°.
« Bonjour, messieurs dames, dit-il. Qu'est-ce que je vous
sers° ?

*derrière : behind*
*essuyer : to wipe*
*verre (m.) : glass*
*servir : to serve*

— Bonjour, monsieur, dit Melba. Est-ce que vous
avez des sandwiches, des salades ou quelque chose de
simple à manger ?
— Oui, nous avons des sandwiches au thon°, au
jambon°, au fromage°, des croque-monsieur, des croque-
madame, des paninis à la tomate et à la mozzarella...
— Je vais prendre un panini à la tomate. Et toi,
Louis ? » Louis demande :
« Qu'est-ce qu'un croque-monsieur ?
— C'est du pain de mie° grillé avec du jambon et du
fromage, répond le serveur. Dans le croque-madame, vous
avez un œuf° en plus.
— C'est parfait, dit Louis. Je vais prendre un croque-
monsieur. Pas d'œuf, ce n'est pas bon pour mon
cholestérol.
— Le fromage, ce n'est pas mieux°, fait remarquer
Melba.

*thon (m.) : tuna*　　*pain de mie (m.) : white bread*
*jambon (m.) : ham*　　*œuf (m.) : egg*
*fromage (m.) : cheese*　　*mieux : better*

— Et comme boisson° ? » demande le serveur.

Louis répond : « Euh… Pas de poisson°, merci. Seulement un croque-monsieur et un panini. N'est-ce pas, Melba ?

— Le monsieur a dit : "boissons", Louis. Avec un "B".

— Ah ! Je comprends. Alors, je vais prendre de l'eau minérale. Et toi, Melba ?

— Moi aussi. De l'eau minérale, c'est très bien. »

*boisson (f.) : drink*
*poisson (m.) : fish*

Ils s'assoient à une table, sur la terrasse. Le serveur apporte° les sandwiches et une bouteille° d'eau. Pendant le repas°, Louis et Melba regardent la rue, les passants, les autres clients du café. Ils discutent.

« C'est très bon, ce croque-monsieur. Et ton panini ?

— Excellent.

— Tu crois° que George habite encore ici ?

— Je ne sais pas, Louis. Il a peut-être déménagé°. Quarante ans, c'est long.

*apporter : to bring*
*bouteille (f.) : bottle*
*repas (m.) : meal*
*croire : to believe*
*déménager : to move, to relocate*

— C'est vrai, dit Louis. En tout cas°, nous sommes ici, tous les deux. C'est merveilleux ! Tu ne trouves pas ? »

Melba sourit°. Elle regarde son mari avec tendresse°. « Oui, bien sûr. »

*en tout cas : in any case*          *tendresse (f.) : affection*
*sourire : to smile*

Ils terminent leur repas. Puis Louis appelle le serveur. Il paye l'addition et demande en français : « Savez-vous où est la rue Duchat Quissagite ?

— Oui, ce n'est pas très loin. Vous avez un plan ? »

L'homme pose son doigt° sur le plan. « Vous allez à gauche, vous tournez° à droite, et vous êtes arrivés.

— Parfait, merci. Vous connaissez peut-être monsieur George Boddleby ? Il est anglais.

— Non, désolé. C'est un parent à vous ?

— Non, dit Louis. Nous étions amis quand nous étions jaunes°.

— Jaunes ? »

*doigt (m.) : finger*
*tourner : to turn*
*jaune : yellow*


Melba intervient° : «Il veut dire : "jeunes".

— Bien sûr ! continue Louis, quand nous étions "jeunes". C'était mon meilleur ami. Il est venu habiter ici, avant quatorze° ans.» Melba corrige : « Tu veux dire : "il y a° *quarante* ans".

— Oh ! C'est vrai. Je ne connais° pas bien les nombres...

— Quarante ans, dit le serveur. C'est long. Et il habite toujours dans cette rue ?

— Eh bien... C'est une bonne question. Nous allons voir... N'est-ce pas, Louis ?

— Oui, nous allons voir.

— Bonne chance° ! »

*intervenir : to intervene*
*quatorze : fourteen*

*il y a : ago*
*connaître : to know*
*bonne chance : good luck*

Louis et Melba sortent dans la rue. Louis n'est pas content : « C'est mauvais° signe°. Je suis sûr° que Georges fréquenterait° ce café s'il habitait ici.

— Eh bien, cherchons sa maison. Et, s'il te plaît, ne demande plus ton chemin ! »

Louis et Melba suivent° le chemin indiqué par le serveur. La rue Duchat Quissagite n'est pas très loin. C'est une rue toute petite et très calme. Il n'y a pas de voitures, ni° de boutiques. Il y a seulement une petite épicerie°. Au bout° de la rue, on peut voir un petit parc.

| | |
|---|---|
| *mauvais : bad* | *suivre : to follow* |
| *signe (m.) : sign* | *ni : nor* |
| *sûr : sure, certain* | *épicerie (f.) : grocery store* |
| *fréquenterait : would patronize* | *au bout de : at the end of* |

Quinze, dix-sept, dix-neuf, vingt et un… Enfin, ils arrivent au numéro vingt-trois. C'est une maison de trois étages, dans le style Art nouveau des années 1900. « C'est ravissant°, dit Melba. Ton ami George a du goût°. »

Devant la porte d'entrée, Louis dit : « J'ai le trac°… Après quarante ans, c'est bizarre…

— Il n'est pas trop tard pour changer d'avis°. Si tu préfères, nous pouvons monter sur la tour Eiffel… »

*ravissant : delightful*
*goût (m.) : taste*
*trac (m.) : nerves*
*changer d'avis : to change one's mind*

— Ou visiter le Louvre. Tu l'as mérité° ! Tu fais ce long voyage avec moi...»

Melba sourit. « Oh ! Il y a pire°... Alors, qu'est-ce que tu décides ?

— Si je ne sonne° pas, je le regretterai° toujours. Alors, je sonne ! »

*mériter : to deserve*
*pire : worse*
*sonner : to ring the doorbell*
*regretter : to regret*

Louis appuie° sur la sonnette°. Pendant une minute ou deux, rien ne se passe°. Finalement, la porte s'ouvre. Une dame apparaît sur le seuil°. Elle a un tablier° bleu et des lunettes°. « Bonjour, messieurs dames.

— Bonjour, madame, dit Louis. Excusez-nous de vous déranger°. Nous cherchons un ami, monsieur George Boddleby, s'il vous plaît.

*appuyer : to press*      *tablier (m.) : apron*
*sonnette (f.) : doorbell*     *lunettes (f. pl.) : glasses*
*se passer : to happen*     *déranger : to disturb*
*seuil (m.) : doorstep*

— Monsieur George Bodèlbi... Attendez... Ce nom me dit° quelque chose.

— Il habitait ici, il y a longtemps, dit Melba. Il a peut-être déménagé.

— Exactement, dit la dame. Il a habité ici. Mais il est parti. Attendez que je réfléchisse... Ah oui ! Bien sûr. C'était un Anglais. Il avait° une librairie° anglophone là, dans la rue. Vous voyez cette épicerie, là-bas ? C'était son magasin. Il est parti il y a une quinzaine° d'années.

*dire quelque chose à quelqu'un : to appeal to someone*
*il avait : he used to have, he had*
*librairie (f.) : bookstore*
*quinzaine (f.) : about fifteen*


— Vous vous souvenez° de lui, c'est une chance pour nous, dit Melba.

— Oh, vous savez, je suis concierge°. Il faut de la mémoire° pour faire ce métier°. Je vois beaucoup de gens défiler... » Louis demande : « Savez-vous où il est allé ?

— Non. Il ne m'a rien dit. Mais demandez à la propriétaire° de l'épicerie. Elle est là depuis longtemps. Je crois qu'elle connaissait° ce George, euh... Potèlbi.

*se souvenir : to remember*
*concierge (m.) : housekeeper*
*mémoire (f.) : memory*
*métier (m.) : profession*

*propriétaire (m.) : owner*
*elle connaissait : she used to know*


— C'est une excellente idée, merci !

— Elle ne ferme° pas à midi. Elle est sûrement là.

— Merci, madame. Très bonne journée. »

« Flûte°, pense Louis. Il a déménagé. Il n'habite peut-être° plus à Paris... »

*fermer : to close*
*flûte : drat*
*peut-être : perhaps*

Effectivement, en face° de la maison, il y a une petite épicerie. Dans la vitrine°, on peut voir des boîtes et des paquets°, des légumes secs°, des farines°, des épices° colorées et beaucoup d'autres choses. Louis et Melba poussent la porte. Une petite sonnerie° retentit°.

| | |
|---|---|
| *en face de : opposite* | *farine (f.) : flour* |
| *vitrine (f.) : shop window* | *épice (f.) : spice* |
| *paquet (m.) : pack* | *sonnerie (f.) : bell* |
| *légume sec (m.) : dried pulse* | *retentir : to resound* |

La boutique est minuscule°. Il y a des étagères° sur les murs, et des produits alimentaires° du sol° au plafond°. Sur le comptoir sont posés de grands pots remplis° d'épices variées.

| | |
|---|---|
| *minuscule : tiny* | *sol (m.) : ground, floor* |
| *étagère (f.) : shelf* | *plafond (m.) : ceiling* |
| *produit (m.) alimentaire : food* | *rempli : filled (up)* |

Derrière le comptoir, une dame aux cheveux blancs dit: « Bonjour madame, bonjour monsieur. Vous désirez ? » Elle a un sourire° ravissant. « Bonjour, madame. Excusez-nous, mais nous cherchons, c'est-à-dire°... Nous voulons savoir... Enfin, désolé, mon français est une catastrophe !
— Mais non, voyons... Que cherchez-vous ?
— Eh bien, nous cherchons monsieur George Boddleby. Un Anglais. Il habitait dans cette rue autrefois°. La concierge dit qu'il avait une librairie ici.

*sourire (m.) : smile*
*c'est-à-dire : that is (to say)*
*autrefois : formerly*

— Mais effectivement° ! Je connaissais bien George. Il m'a proposé de reprendre° sa boutique. C'était une librairie, à l'époque°. Mais vous savez, moi, les livres... Alors j'ai préféré° faire une épicerie.

— C'est une très mignonne° petite épicerie, madame, dit Melba.

effectivement : indeed
reprendre : to take over
à l'époque : at that time

préférer : to prefer
mignon : sweet, cute

— Oh, merci, madame, c'est gentil. George a quitté° Paris. Il a dit qu'il allait... Où exactement... ? Je ne me souviens pas très bien. Attendez... J'ai noté son adresse dans un vieil agenda, je crois... » La dame ouvre un tiroir° et regarde à l'intérieur. Mais elle le referme° aussitôt. « Ah ! Non, bien sûr°. Il ne peut pas être là-dedans°. Attendez quelques secondes, je vais regarder dans l'arrière-boutique°.

quitter : to leave
tiroir (m.) : drawer
refermer : to close again

bien sûr : of course
là-dedans : in here
arrière-boutique (f.) : back shop

— Oh ! C'est vraiment très aimable°, madame. J'espère° que nous ne vous dérangeons° pas.

— Mais non, pas du tout°. » Et la dame disparaît° dans l'arrière-boutique.

aimable : kind
espérer : to hope
déranger : to bother, to disturb
pas du tout : not at all
disparaître : to disappear

Louis et Melba se regardent. « Bon, dit Melba. Il n'est plus à Paris. Je crois qu'il n'est pas nécessaire° de déranger la dame plus longtemps, tu ne crois pas ?

— Oui, bien sûr, répond Louis, rêveur°. Mais attendons, par curiosité°... Elle a peut-être une adresse... »

Melba soupire°. Pour elle, les recherches sont inutiles°, maintenant. Elle dit : « Nous perdons° notre temps, mais bon. »

*nécessaire : necessary*
*rêveur : dreamy*
*curiosité (f.) : curiosity*

*soupirer : to sigh*
*inutile : pointless*
*perdre : to lose, to waste*

Cinq minutes passent. Melba examine les produits sur les étagères. « Il y a des choses intéressantes. Je crois que je vais acheter quelques épices pour cuisiner° à la maison. »

*cuisiner : to cook*

Enfin, la dame réapparaît°, un carnet° à la main. « Voilà, dit-elle. J'avais noté sa nouvelle adresse dans un vieil agenda. Heureusement, je ne jette° rien. Alors, voyons°... »

*réapparaître : to reappear, to come back*
*carnet (m.) : notebook*
*jeter : to throw away*
*voyons : let's see*

La dame ajuste° ses lunettes sur son nez°. « Village de Camembert… Ah ! Mais oui ! Bien sûr ! Comment° est-ce que j'ai pu° oublier° ce détail ! Il est allé à Camembert, en Normandie, pour créer une ferme° biologique. »

ajuster : to arrange
nez (m.) : nose
comment : how

j'ai pu : I could
oublier : to forget
ferme (f.) : farm

La dame regarde les deux Anglais avec un sourire. « Voilà, messieurs dames. Je suis contente de vous avoir renseignés°.
— Mais c'est parfait ! Nous y° allons ! » dit Louis. Il ne voit pas le visage stupéfait° de Melba. « Il est parti en quelle année ? Vous savez ?

renseigner : to inform
y (pronom) : there
stupéfait : amazed

— Oh, eh bien… J'ai repris° la boutique en 1985. Il est parti° la même° année, je crois.
— Parfait, madame, intervient Melba. Nous n'allons pas vous déranger plus longtemps. Mais avant de partir, je vais prendre cent grammes d'aneth°, cinquante grammes d'anis° étoilé, cent grammes de coriandre, deux cents grammes de tomates séchées°… »

j'ai repris : I took over
parti : gone, left
même : same

aneth (m.) : dill
anis étoilé (m.) : star anise
séché : dried

Dans la rue, Melba dit à Louis : « Tu plaisantes°, j'espère. Nous n'allons pas en Normandie !

— Ce n'est pas très loin, la Normandie, ma chérie. Camembert ! Tu imagines° ? Quel voyage ! Quelle aventure° !

— Nous avons réservé un hôtel ici pour une semaine…

— Oui, je sais. Mais quelque chose me dit que George est là-bas. Et puis, ce village s'appelle Camembert ! C'est extraordinaire ! Il faut le visiter.

*plaisanter : to joke*
*imaginer : to imagine*
*aventure (f.) : adventure*

— Pas question°, Louis. Nous irons° à Camembert une autre fois°.

— Mais c'est une occasion° idéale ! Nous sommes déjà à mi-chemin°.

— Je ne sais pas, Louis. Il a sûrement encore déménagé. Tu peux chercher son adresse dans l'annuaire°. Tu peux lui° écrire.

— S'il te plaît, ma chérie… »

*pas question : no way*
*nous irons (v. aller) : we will go*
*une autre fois (f.) : another time*
*occasion (f.) : opportunity*

*à mi-chemin : halfway*
*annuaire (m.) : directory*
*lui : him, to him*

Melba réfléchit. Ce projet a l'air° vraiment° important pour son mari. Finalement, elle dit : « Bon, d'accord. Mais tu es un enfant !

— Pour te faire plaisir°, nous allons passer l'après-midi au Louvre. »

*avoir l'air : to seem*
*vraiment : really*
*faire plaisir à qn : to please someone*

Le soir, à l'hôtel, couché° dans le grand lit à côté de° Melba, Louis pense. Il fait nuit°. Seule la lune° éclaire° un peu la chambre. Tout est calme, et Melba dort° déjà. Impatient°, Louis ne peut pas dormir. Il est heureux. Il repense° à cette belle journée : le voyage en train, le repas dans le Quartier latin, la visite à l'épicerie…

*couché : lying*
*à côté de : next to*
*il fait nuit : it's dark out*
*lune (f.) : moon*

*éclairer : to light up, to shine*
*dormir : to sleep*
*impatient : impatient*
*repenser à : to think again of*

Il pense aussi à la journée de demain. « Comme il est agréable° d'improviser et de vivre au jour le jour° !» Il ferme les yeux. Il rêve. Ses idées vagabondent°. Il revoit° sa jeunesse. Il redevient° un jeune homme. Peu à peu°, Louis s'endort°. Demain, le voyage continue…

*agréable : pleasant*
*au jour le jour : from day to day*
*vagabonder : to wander*
*revoir : to see again*

*redevenir : to become again*
*peu à peu : slowly*
*s'endormir : to fall asleep*

# partie 2

Louis est dans le train. Il est content. Il est en vacances. Mais ce ne sont pas des vacances comme les autres. Il cherche son ami George. Il est comme un détective, un nouvel Hercule Poireau. Il n'a pas beaucoup d'indices°. Il sait seulement° que George a quitté Paris. Il a créé une ferme biologique à Camembert, en Normandie. George, un fermier° ! C'est incroyable ! Mais est-il encore en Normandie ? Personne ne le sait.

*indice (m.) : clue*
*seulement : only*
*fermier (m.) : farmer*

En face° de lui, sa femme Melba fait des mots croisés. Très concentrée, elle réfléchit. Louis regarde les autres voyageurs, dans le wagon. Quelques° personnes lisent des magazines. À côté° de lui, un monsieur dort. Il a desserré° sa cravate. La tête en arrière°, la bouche° ouverte, il ronfle°.

*en face de : in front of, opposite*
*quelques : some, few*
*à côté de : next to*
*desserrer : to loosen*

*en arrière : thrown back*
*bouche (f.) : mouth*
*ronfler : to snore*

Le bercement° du train est agréable. L'atmosphère est tranquille°. De temps en temps, Melba lève les yeux et regarde sévèrement° le dormeur. Comment se concentrer, avec ces ronflements ? C'est dégoûtant° !

*bercement (m.): rocking movement*
*tranquille : quiet*
*sévèrement : severely*
*dégoûtant : disgusting*

Louis regarde le paysage. Il est de plus en plus° vert. Maintenant, on peut voir des collines°, des champs°, des forêts°... Tout à coup°, une voix annonce dans les haut-parleurs° : « Mesdames et messieurs, nous arrivons en gare de Bernay. Bernay, une minute d'arrêt°. »

*de plus en plus : more and more*
*colline (f.) : hill*
*champ (m.) : field*
*forêt (f.) : forest, wood*

*tout à coup : suddenly*
*haut-parleur (m.) :*
*loudspeaker*
*arrêt (m.) : stop*

Melba pose° son stylo et regarde aussi par la fenêtre. Louis demande : « C'est encore loin ? Où est-ce que nous devons descendre° ?
— Nous descendons à Lisieux. C'est le prochain arrêt, je crois. Tu peux vérifier. Tu as le plan.
— Moi ? J'ai le plan ? Il est dans ton sac.
— Non, Louis, regarde : il est sous tes genoux°...
— Oh ! C'est vrai°. C'est le prochain arrêt. »

*poser : to put down*
*descendre : to get off*
*genou (m.) : knee*
*vrai : true*

À côté de Louis, le monsieur endormi° se réveille°. Brusquement, il se redresse°. « Excusez-moi, monsieur. Nous sommes dans quelle gare ? Je dois descendre à Caen.

— Nous sommes à Bernay, répond Louis en français.

— Ouf° ! Merci. J'ai encore le temps. Mais j'ai eu° peur° un instant. Je m'étais endormi. Je dors toujours dans le train. C'est une manie ! J'espère que je n'ai pas trop ronflé...

— Oh ! Pas du tout° », dit Louis.

*endormi : asleep*
*se réveiller : to wake up*
*se redresser : to sit up straight*
*ouf : phew*

*eu : had*
*avoir peur : to fear*
*pas du tout : not at all*

Le monsieur continue la conversation : « J'entends, à votre accent, que vous n'êtes pas d'ici, dit-il poliment°.

— Non, répond Louis. Nous sommes Anglais.

— Oh ! Et vous allez loin ?

— Non, pas très loin. Nous allons à Camembert. Nous avons peut-être° un ami là-bas.

— Peut-être ? Vous ne le savez pas ?

— Non. Nous ne le savons pas. Nous ne l'avons pas vu depuis quatorze, euh...Pardon, quarante ans.

— Quarante ans ! Mais c'est la moitié° d'une vie ! »

*poliment : politely*
*peut-être : maybe*
*moitié (f.) : half*

Melba lève la tête. Elle soupire°. Elle pose ses mots croisés sur ses genoux. Quand il ne ronfle pas, cet homme parle très fort°. Il est impossible de se concentrer.

« Hé oui ! C'est très long… » Louis est ravi°. Quand il parle français, il se sent° un homme nouveau. Il est très heureux de raconter° son histoire. « Vous savez, c'est une histoire extraordinaire… »

| | |
|---|---|
| soupirer : to sigh | se sentir : to feel |
| fort : loudly | raconter : to tell |
| ravi : delighted | |

Melba lève les yeux au ciel°. Extraordinaire ! Son mari utilise de bien grands mots. Il est toujours un peu théâtral…

« Nous avons fait un film quand nous étions étudiants. Le film n'est pas terminé et…

— Louis, interrompt° Melba. Tu ennuies° le monsieur, avec tes histoires.

— Mais pas du tout° ! dit le monsieur poliment. C'est passionnant° ! Alors, vous voulez terminer votre film ?

— Eh bien, dit Louis, d'une certaine manière°, oui. Mais aujourd'hui, la fiction devient réalité… » Louis écarquille° les yeux, avec une expression mystérieuse. Melba secoue° la tête, mais elle ne dit rien.

| | |
|---|---|
| ciel (m.) : sky | d'une certaine manière : in a |
| interrompre : to interrupt | way |
| ennuyer : to annoy, to bother | écarquiller les yeux : to open |
| pas du tout : not at all | one's eyes wide |
| passionnant : exciting | secouer : to shake |

« Dans notre film, un homme cherche un ami perdu°. Eh bien, voilà… Vous comprenez ? Maintenant, c'est moi qui cherche mon ami, dit Louis. Si° je le trouve, le film sera° terminé.

— Mais c'est fantastique ! Vous pourriez° écrire un roman.

— Oh ! Louis rit, flatté°.

— Et comment savez-vous qu'il est à Camembert ?

— En fait, nous ne sommes pas sûrs. Il est peut-être encore là-bas°. Mais il est peut-être reparti.

| | |
|---|---|
| perdu : lost | vous pourriez : you could |
| si : if | flatté : flattered |
| sera : will be | là-bas : there |

— Et vous faites tout ce voyage sans° savoir ? Quelle aventure !

— Oui... » Louis réfléchit. Cet homme est si° aimable, si enthousiaste... C'est peut-être un romancier° ? Ou un journaliste ?

« Que fait – ou faisait° – votre ami dans la vie ?

— Il a créé une ferme biologique à Camembert.

— Une ferme biologique ? Oh ! Mais je le connais peut-être. Vous savez, je travaille dans l'agroalimentaire°. J'ai une usine° d'aliments° en boîte°. Je travaille beaucoup avec les agriculteurs. Comment s'appelle votre ami ?

— Une usine d'Allemands° en boîte ? »

| | |
|---|---|
| sans : without | usine (f.) : factory |
| si : so | aliment (m.) : food |
| romancier (m.) : novelist | boîte (f.) : can |
| faisait (v. faire) : did | Allemand (m.) : German |
| agroalimentaire (m.) : food- | |
| processing industry | |

L'homme rit. « Non ! Ah ! Ah ! Pas des Allemands, des a-li-ments. Vous savez, de la nourriture°, des boîtes de conserve°. En particulier du maïs, des carottes…

— Oh ! Je comprends mieux. » Louis rit aussi. L'homme n'est donc° pas journaliste, ni° romancier, ni… fabricant d'Allemands en boîte…

— Mon ami s'appelle George Boddleby.

— Boddleby… Non, désolé. Ce nom ne me dit rien.

nourriture (f.) : food
conserve (f.) : canned food
donc : therefore
ni … ni : neither

— C'est peut-être normal. Il est certainement en retard° depuis quelques années.

— En retard ?

— Oui ! Euh… en retard…

— En "retraite"°, dit Melba.

— Oh ! Merci, Melba. Bien sûr, il est certainement en retraite depuis longtemps.

— D'accord, oui, je comprends. C'est pourquoi je ne le connais pas. »

en retard (m.) : late
en retraite (f.) : retired

À ce moment, on entend la voix du conducteur dans les haut-parleurs. « Mesdames et messieurs, nous arrivons en gare de Lisieux. Lisieux, cinq minutes d'arrêt.

— Flûte°, dit Melba. Nous descendons ici, et nous ne sommes pas prêts°. Nous devons porter° la valise…

— Ne vous inquiétez pas, madame, dit l'homme aimablement°. Je vais vous aider°. » Il se lève. Louis se lève aussi.

*flûte (f.) : darn*
*prêt : ready*
*porter : to carry*
*aimablement : kindly*
*aider : to help*

La valise est au fond° du wagon. Dans le couloir°, beaucoup de voyageurs sont déjà debouts° ; le passage est difficile. Finalement, le monsieur aimable attrape° la valise de Louis. « Merci, dit Louis. C'est très gentil.
— Il faut se dépêcher°, dit le monsieur. Le train n'arrête° pas longtemps. » Il descend sur le quai avec la valise. Il la pose sur le sol°.

*au fond de : at the bottom of, at*      *se dépêcher : to hurry*
*the back of*                            *arrêter : to stop, to halt*
*couloir (m.) : aisle*                   *sol (m.) : ground, floor*
*debout : standing up*
*attraper : to grab*

« Merci encore, dit Louis.
— Bonne chance dans vos recherches !
— Merci, au revoir ! Et bon voyage… » L'homme remonte dans le train.
Sur la grande plate-forme, tous les voyageurs marchent° dans la même direction. Avec leur valise, Louis et Melba suivent° le mouvement.

*marcher : to walk*
*suivre : to follow*

« Quel monsieur très aimable, dit Melba. Maintenant, il faut trouver un hôtel.

— Tu imagines, Melba ! Nous ne savons pas où nous allons dormir ce soir...» Louis réfléchit. « Sur le plan, dit-il, nous avons encore trente kilomètres jusqu'à° Camembert. Près° de Camembert, il y a une ville qui s'appelle Vimoutiers. Nous trouverons sûrement un hôtel là-bas.

— D'accord. Il y a peut-être un bus pour Vimoutiers. Je vais demander au guichet° où est l'office du tourisme. Tu m'attends ici avec la valise ?

— D'accord », répond Louis.

*jusqu'à : up to*
*près de : near*
*guichet (m.) : counter*

Pendant que Melba va au guichet, Louis attend dans le hall. Il y a beaucoup de gens qui arrivent, et beaucoup de gens qui partent. Après quelques minutes, Melba revient. « Bon, dit-elle. Ce n'est pas très loin. On y° va ? »

Ils sortent sur le trottoir. Le ciel est gris, mais il ne pleut pas. Ils traversent° un grand parking. Melba marche vite. Louis la suit° avec la valise. Heureusement, la valise a des roulettes°. C'est plus facile.

*y : there*　　　　　　　　*suivre : to follow*
*traverser : to cross*　　　*roulette (f.) : caster*

Après cent mètres, ils tournent° à droite. Ils passent devant un petit parc et une église. Enfin, ils arrivent à l'office du tourisme. C'est un bâtiment moderne. Ils entrent. « Bonjour, madame, dit Melba. Nous voulons aller à Vimoutiers. Est-ce qu'il y a un bus ? Est-ce qu'il y a un hôtel dans cette ville ?

— Atchoum ! Pardon… » C'est Louis, il a éternué°.

— À vos souhaits°, monsieur, dit l'employée°.

— Merci, répond Louis.

tourner : to turn
éternuer : to sneeze

à vos souhaits : bless you
employé (m.) : employee

— C'est peut-être le rhume° des foins. J'ai ce problème aussi tous les ans. Alors, pour aller à Vimoutiers, il y a un bus. Je peux vous montrer sur le plan. Il y a aussi un hôtel à Vimoutiers. À cette saison, il y a sûrement des chambres de libres.

— Parfait, dit Melba. » L'employée indique l'adresse de l'hôtel et la ligne° de bus. « Et comment aller à Camembert, s'il vous plaît ? demande Louis.

— Là°, il faut prendre un taxi.

— Très bien, madame. Merci.

— C'était un plaisir ! Bonne journée.

— Atchoum ! »

rhume (m.) des foins (m. pl.) : hay fever
ligne (f.) : line, route
là : there

Pour aller à l'arrêt de bus, il faut encore marcher un peu. « Tu n'as pas envie° d'un casse-croûte° ? demande Louis.

— Il n'est que dix heures et demie.

— Oui, mais nous avons déjeuné très tôt. » Justement°, les deux voyageurs passent devant une boulangerie. Ils achètent des pains au chocolat.

*avoir envie de : to feel like*        *justement : just*
*casse-croûte (m.) : snack*

Peu après, ils arrivent à l'arrêt des bus régionaux. C'est une petite place avec des platanes°. Louis pose la valise. Ils s'assoient sur un banc°. Sur le trottoir, des gens attendent aussi. Des voitures passent. Un bus arrive. On ne voit pas encore le numéro de la ligne. À ce moment, un inconnu° s'approche°. C'est un monsieur avec un manteau noir élégant. Il demande à Louis : « Pardon, monsieur. Vous prenez le car° aussi ?

*platane (m.) : plane tree*
*banc (m.) : bench*
*inconnu (m.) : unknown person, stranger*
*s'approcher : to approach, to come up to*
*car (m.) : bus*

— Non, nous prenons le bus.

— Le bus et le car, c'est la même chose, Louis, explique Melba.

— Oh ! Alors, bien sûr, oui. Nous prenons le car.

— Et vous savez si le bus pour Vimoutiers est déjà passé ? demande encore le monsieur.

— Non, dit Louis. Il n'est pas passé. Nous allons à Vimoutiers aussi. C'est le linge° 53.

— La ligne° cinquante-trois, dit Melba.

— Justement, continue Louis, je crois qu'il arrive.

*linge (m.) : linen*
*ligne (f.) : line, route*

— Ah ! dit le monsieur. Je suis content ! Je pensais avoir raté° mon car. » Il ajoute : « Vous parlez très bien français. Et vous aussi, madame. Je suis étonné de votre accent excellent. Je peux vous demander d'où vous venez ?
— Nous venons d'Angleterre, répond Melba.
— Oh ! Vous venez d'Angleterre ! Je suis Autrichien°. Je suis ravi de vous rencontrer. »

*rater : to miss*
*Autrichien (m.) : Austrian*

L'homme est vraiment charmant. Ils entrent tous les trois dans le bus. Ils achètent des tickets au chauffeur. Ils s'assoient. Il n'y a pas beaucoup de monde dans le bus. De nombreuses places sont libres. Le bus démarre°.

*démarrer : to start up*

Il traverse° la ville. Il y a beaucoup de circulation°. Mais bientôt, il quitte la ville et entre dans la campagne. La route est droite et régulière. Le paysage est verdoyant°. Il y a des pommiers° sur les collines et des vaches° dans les champs°.
Pendant le voyage, Louis et Melba continuent la conversation avec l'Autrichien sympathique.

*traverser : to cross*          *pommier (m.) : apple tree*
*circulation (f.) : traffic*     *vache (f.) : cow*
*verdoyant : green, verdant*   *champ (m.) : field*

Louis raconte son histoire, et le monsieur parle de la Normandie. « Dans la ville de Caen – Oh ! et d'ailleurs°, il faut prononcer "Caen" comme le mot° "quand"… Donc, dans la ville de Caen, vous avez le château° de Guillaume° le Conquérant. Mais il a été détruit° pendant la guerre°. Il y a un autre château dans la ville de Falaise. Et savez-vous que près de Camembert, justement, il y a la maison de Charlotte Corday ? Charlotte Corday, qui a assassiné° Marat… etc. etc. » La conversation est si° intéressante que les voyageurs oublient le temps.

| | |
|---|---|
| d'ailleurs : besides, moreover | détruire : to destroy |
| mot (m.) : word | guerre (f.) : war |
| château (m.) : castle | assassiner : to murder |
| Guillaume le Conquérant : | si : so |
| William the conqueror | |

Enfin, le bus arrive en ville. Il s'arrête. « Terminus° ! dit le chauffeur.

— Oh ! dit Louis. Il ne faut pas rater notre arrêt. Où sommes-nous ? » Justement, une dame se lève. Il lui demande : « Pardon, madame. Nous sommes arrivés à Vimoutiers ?

— Vimoutiers ? dit la dame. Nous sommes à Orbec, monsieur. »

terminus (m.) : end of the line

Louis ouvre son plan. Il examine la carte. « Mais… Je ne comprends pas. Orbec n'est pas sur notre route. Comment pouvons-nous être à Orbec ?

— Montre°-moi la carte, s'il te plaît. » Melba prend la carte. Elle fronce° les sourcils. « Bon, dit-elle. Je vais demander au chauffeur. » Elle se lève. Pendant ce temps, tous les autres voyageurs descendent. Louis reste assis avec le monsieur autrichien. Ils ne parlent plus.

*montrer : to show*
*froncer les sourcils : to knit one's brow*

Après un court instant, Melba revient. Elle a une expression consternée°. « Nous sommes dans le bus numéro cinquante-six, et non dans le numéro cinquante-trois…

— Oh ! » disent les deux hommes. C'est un choc. Tout à coup, le monsieur autrichien semble° très fâché°. Son visage est très sérieux. Il dit : « Eh bien, il faut retourner° à Lisieux ! Au revoir, messieurs dames. » Il se lève et sort très vite du bus.

*consterné : appalled*            *retourner à : to return, to go*
*sembler : to seem*               *back to*
*fâché : angry*

Sur le siège°, il a oublié° son petit manteau° noir. Louis prend le manteau et appelle : « Monsieur ! Vous avez oublié votre menton° ! » Le monsieur revient, prend son manteau et tourne les talons°.

« Eh bien, il n'a pas l'air° content, dit Louis en anglais. Mais après tout°, il nous a distraits° avec ses histoires… Qu'est-ce qu'on fait maintenant, Melba ?

*siège (m.) : seat*               *tourner les talons : to go away*
*oublier : to forget*             *avoir l'air : to seem*
*manteau (m.) : coat*             *après tout : after all*
*menton (m.) : chin*              *distraire : to distract, to divert*

— Le chauffeur dit qu'il n'y a pas de bus entre Orbec et Vimoutiers. Il faut retourner à Lisieux ou prendre un taxi... »

Ils descendent du bus, toujours avec leur valise. « Nous n'allons pas retourner à Lisieux comme le monsieur autrichien, dit Louis. Vimouterre est seulement à quinze kilomètres. C'est absurde.
— Vimoutiers. Nous pouvons chercher une station de taxis. »

Ils marchent dans la ville pendant quelques minutes. Puis ils entrent dans un bistrot° et demandent s'il y a une station de taxis. « Il y a un taxi qui travaille dans le coin°, dit le cafetier. Je peux vous donner son numéro de téléphone, si vous voulez.
— Volontiers, dit Melba. Mais avez-vous aussi un téléphone ? Nous n'avons pas de téléphone portable.
— Oui. Ça fait un euro la communication. » Il donne un téléphone à Melba.

*bistrot (m.) : café, bar, pub*
*dans le coin (m.) : around here*

Melba appelle le taxi. Mais c'est un répondeur° automatique. Apparemment, le taxi n'est pas disponible°. « Est-ce qu'il y a un autre taxi ?
— Je ne crois pas. Je n'ai qu'un numéro. Désolé, je ne peux pas faire mieux°.
— Tant pis°. Merci beaucoup.
— Nous pouvons rester un peu ici et manger des sandwiches, Melba. Qu'est-ce que tu en penses ? » propose Louis.

*répondeur (m.) : answering machine*
*disponible : available*
*mieux : better*
*tant pis : too bad*

Ils commandent une bouteille d'eau et des sandwiches. Ils s'assoient à une table. Louis mange son sandwiche, mais Melba n'a pas beaucoup d'appétit. Elle est un peu de mauvaise humeur°. « C'est un peu fatigant, ce voyage… Nous ne sommes pas sur la bonne route. En plus, regarde le temps ! Il commence à pleuvoir°… »

*être de mauvaise humeur : to be in a bad mood*
*pleuvoir : to rain*

À la table voisine, un monsieur est assis devant une tasse de café. Il les observe°. « Excusez-moi, messieurs dames, dit-il. Mais je crois comprendre que vous cherchez un taxi ?

— Oui, c'est frais°, dit Louis.

— Oui, c'est vrai°, dit Melba.

— Je connais un garagiste dans la ville. Il loue° parfois des voitures. Cela vous intéresse peut-être ?

— Oui. Où se trouve° ce garagiste ?

— En sortant du café, c'est tout droit°, puis la deuxième à gauche. C'est le garage "Mariano". Enfin, c'est juste une idée.

*observer : to observe, to watch*
*frais : fresh*
*vrai : true*
*louer : to rent*

*se trouve : to be, to be located*
*tout droit : straight on*

— Pourquoi pas ? Qu'est-ce que tu en penses, Melba ?

— Tu es bien téméraire°. Il faut conduire° à droite ! Tu n'as pas l'habitude°.

— Enfin, c'est comme vous voulez, dit le monsieur. Bon, je dois partir. Au plaisir°, messieurs dames !

— Merci du renseignement°, monsieur. Au revoir. »

Le monsieur se lève. Il paye son café et s'en va°. Sur sa chaise, il a oublié un manteau de laine°. « Oh ! Monsieur ! dit Louis. Vous oubliez votre marteau° ! »

*téméraire : rash, reckless*
*conduire : to drive*
*avoir l'habitude : to be used to*
*au plaisir : see you soon*

*renseignement (m.) : information*
*s'en aller : to leave*
*laine (f.) : wool*
*marteau (m.) : hammer*

Les deux voyageurs marchent dans la rue. Louis tire° la valise, comme d'habitude. Les roulettes sautent° sur le pavé°. Il pleut un peu. C'est une douce petite pluie de printemps. « En tout cas, dit Louis, la ville est plutôt° jolie. »

Il regarde les maisons en pierre° et à colombages°. Il est midi. Les magasins ferment.

*tirer : to pull*
*sauter : to jump*
*pavé (m.) : pavement*
*plutôt : rather*
*pierre (f.) : stone*
*colombage (m.) : half-timbering*

« Il est tard. J'espère que le garagiste est encore là.

— Tu es sûr que tu veux conduire ? Ce n'est vraiment pas prudent°.

— C'est toi qui vas conduire, dit Louis. J'ai confiance° en toi. »

*prudent : careful*
*avoir confiance (f.) en : to have confidence in*

Quelques minutes plus tard, ils arrivent devant un garage. C'est un grand bâtiment° blanc, avec des lettres noires : "Garage Mariano". Ils entrent. Dans la cour°, des vieilles voitures sont garées° en désordre°. Dans le garage ouvert, des pieds dépassent° sous une voiture en panne°. « Monsieur ? dit Louis. Pardon de vous déranger°. On nous a dit que vous louez des voitures. Justement, nous cherchons une voiture. »

*bâtiment (m.) : building*
*cour (f.) : courtyard*
*garé : parked*
*en désordre (m.) : in a mess*

*dépasser : to show, to stick out*
*en panne (f.) : out of order*
*déranger : to disturb*

Lentement, les pieds glissent° sous la voiture. Des jambes° apparaissent, puis l'homme entier° ; il se lève. Son visage et ses mains sont noirs de cambouis°. Il porte une cotte° bleue sale°. Il essuie une main sur son front°. Maintenant, son visage est encore plus° noir.

*glisser : to slide*
*jambe (f.) : leg*
*entier : entire*
*cambouis (m.) : grease, oil*

*cotte (f.) : overalls*
*sale : dirty*
*front (m.) : forehead*
*encore plus : even more*

« Je répare des vieilles voitures et je les vends, dit-il. Parfois, effectivement, j'en° loue. Vous voulez une voiture immédiatement ?

— Oui, si possible. »

en (pronoun) : some

L'homme regarde Louis attentivement et demande : « Vous êtes Anglais, n'est-ce pas ?

— Oui, c'est, euh… vrai.

— Ah ! Ah ! Je ne parle pas anglais, mais j'ai appris à l'école. Il y a longtemps, bien sûr.

— Ah, oui ? Moi aussi, dit Louis. J'ai appris le français il y a très longtemps.

— C'est vrai ? Mais vous parlez très bien.

— Oh ! Vous êtes gentil…

— Moi, je me souviens° seulement des noms d'animaux. » Et il continue en anglais, avec un fort° accent français : « Poule°, canard°, renard°, libellule°, grenouille°, chevreuil°, chien, âne°, oie°, sanglier°, mouche°, abeille°, araignée°…

| | |
|---|---|
| se souvenir : to remember | chevreuil (m.) : roe deer |
| fort : strong | âne (m.) : donkey |
| poule (f.) : hen | oie (f.) : goose |
| canard (m.) : duck | sanglier (m.) : wild boar |
| renard (m.) : fox | mouche (f.) : fly |
| libellule (f.) : dragonfly | abeille (f.) : bee, honeybee |
| grenouille (f.) : frog | araignée (f.) : spider |

— Il a vraiment une araignée au plafond°, pense Melba.

— ... Pigeon°, mouette°, ver° de terre... Je connais vraiment beaucoup de noms d'animaux en anglais...

— Oh ! C'est magnifique, dit Melba. Et, euh... Qu'est-ce que vous avez comme voiture ?

— En ce moment, pas beaucoup. Attendez une minute, je vais voir... »

*avoir une araignée au plafond : to have bats in the belfry*
*pigeon (m.) : pigeon*
*mouette (f.) : seagull*
*ver (m.) de terre : earthworm*

Le garagiste essuie° ses mains sur sa cotte et se promène dans la cour. Il examine les différentes voitures. « Alors, dit-il, il y a cette deux-chevaux orange. Elle est un peu vieille, mais elle roule°. C'est invendable°. Je peux vous la louer, si vous voulez. Vingt euros la journée.

*essuyer : to wipe*
*rouler : to roll, to move along well*
*invendable : unsellable*

— Invendable ! crie Louis avec enthousiasme. Mais c'est un bisou° ! Je veux dire : un bijou° ! Nous pouvons l'acheter !

*bisou (m.) : kiss*
*bijou (m.) : jewel*

— Louis ! dit Melba, effarée°. Nous allons d'abord louer cette voiture. C'est suffisant. » Elle demande au garagiste : « Et elle roule vraiment bien ? Il n'y a pas de risque ?

— Non, elle roule. Et si vous avez un problème, vous m'appelez. Voici ma carte, avec mon numéro de téléphone.

*effaré : aghast*

— Je peux m'asseoir dedans° ? demande Louis.
— Bien sûr. Je vous montre les commandes°. Ce n'est pas compliqué. »
Il ouvre la portière°. Louis s'assoit dans la voiture et prend le volant° dans ses mains. Il est vraiment content.

*dedans : inside*
*commande (f.) : control*
*portière (f.) : door*
*volant (m.) : steering wheel*

« Voici le levier° de vitesse, explique le garagiste, les essuie-glaces°, le clignotant°, le klaxon°... » Il appuie° sur le klaxon. Un son de trompette retentit°.

*levier (m.) de vitesse : gearshift*
*essuie-glace (m.) : windshield wiper*
*clignotant (m.) : blinker*

*klaxon (m.) : horn*
*appuyer sur : to push, to press*
*retentir : to ring out, to resound*

« Voilà. Je vous montre aussi le réservoir° à essence.
— Bon, eh bien, nous prenons la voiture, n'est-ce pas, Melba ? » Mais Melba hésite encore. Pourtant, quelle° autre solution y a-t-il ? « Bon... D'accord, dit-elle. Mais c'est moi qui conduis ! »

Ils entrent, tous les trois, dans le bureau. « Avez-vous votre carte d'identité, s'il vous plaît ? Je vais faire une photocopie. C'est juste une formalité°. »

*réservoir (m.) à essence (f.) : petrol tank*
*quelle : which, what*
*formalité (f.) : formality*

Louis donne sa carte d'identité. « Voici le contrat° de location. Combien de jours voulez-vous louer la voiture ?
— Un jour ou deux. Qu'est-ce que tu en penses, Melba ?
— Oui, et ensuite, nous verrons°.
— Très bien, veuillez° signer° ici, s'il vous plaît. » Louis et Melba signent le contrat. Le garagiste leur donne la clé° de la voiture.

*contrat (m.) : contract*          *signer : to sign*
*nous verrons : we will see*        *clé (f.) : key*
*veuillez : please*

Louis se dirige° automatiquement vers le volant. « Louis ! crie Melba. On a dit : c'est *moi* qui conduis !
— Juste pour un essai°, ma chérie. Je ne peux pas résister. »
Melba insiste : « Tu ne vas pas conduire, Louis. C'est dangereux. Tu n'as pas l'habitude, et les Français roulent très vite...
— Mais Melba, tu vas voir. Je vais rouler très doucement°. »

*se diriger vers : to head toward*
*essai (m.) : trial*
*doucement : slowly*

Louis s'assoit derrière° le volant. Il est ravi. Melba lève les yeux au ciel. La voiture démarre. Sur la route, il y a un peu de circulation°. Il est midi, et les gens rentrent chez eux.

*derrière : behind*
*circulation (f.) : traffic*

« Nous pouvons prendre un hôtel dans cette ville, propose Louis. C'est une très jolie ville. Nous serions° tranquilles pour ce soir.

— Attendons un peu. Je préfère trouver George d'abord.

— D'accord. Tu as la carte ? Tu peux nous diriger° ?

— Il faut suivre la direction Vimoutiers. »

*nous serions : we would be*
*diriger : to guide*

À la sortie de la ville, Melba dit : « Ce n'est pas la bonne direction. Il faut tourner à gauche, puis encore à gauche.

— J'espère que nous n'allons pas prendre l'autoroute°.

— Il n'y a pas d'autoroute. La route régionale va directement à Vimoutiers.

— Et si nous prenions° les petites routes de campagne° ? C'est plus joli.

— Ce sera plus long, je pense. Mais si tu veux. »

*autoroute (f.) : highway*
*nous prenions : we took*
*campagne (f.) : countryside*

« Et il y aura sûrement moins° de circulation, pense Melba. Ce n'est pas une mauvaise idée. »

Mais bientôt, Melba regrette°. Dans cette région, les petites routes sont vraiment petites. Il n'y a pas beaucoup de voitures, c'est vrai. Mais des tracteurs°, des vaches, des chiens et des chats bloquent° la route toutes les cinq minutes.

*moins (de) : less*
*regretter : to regret*

*tracteur (m.) : tractor*
*bloquer : to obstruct*

Le chemin est très sinueux°. Les arbres ne sont pas taillés°. Dans les virages°, il faut faire attention : la visibilité est mauvaise. Melba est nerveuse. Elle fixe° la route. Mais Louis est de bonne humeur° : « C'est vraiment magnifique ! » Il ouvre la vitre° avec sa main gauche. « Tu entends chanter les grillons° ? »

*sinueux : sinuous, winding*
*tailler : to trim*
*virage (m.) : curve*
*fixer : to stare*

*être de bonne humeur : be in*
*a good mood*
*vitre (f.) : windowpane*
*grillon (m.) : cricket*

En haut° des collines, on domine° le paysage°. Il y a beaucoup de chevaux° dans les champs. Les pommiers sont couverts de fleurs blanches. Dans les vallées°, on peut voir des petites rivières°, des villages, des fermes... Lentement°, le soleil se montre°. Les nuages courent° dans le ciel.

*en haut de : on the top of*
*dominer : to overlook*
*paysage (m.) : landscape*
*cheval (m.) (pl : chevaux) : horse*
*vallée (f.) : valley*

*rivière (f.) : river*
*lentement : slowly*
*se montrer : to appear*
*courir : to run*

Une heure plus tard, la petite deux-chevaux arrive enfin à Vimoutiers.

« La carte indique vingt kilomètres, dit Melba. Mais en réalité, il y a quarante bornes° !

— En tout cas, j'adore visiter cette région. »

À Vimoutiers, les deux voyageurs font le plein°. Puis ils continuent en direction de Camembert.

*borne (f.) (fam.) : kilometer*
*faire le plein : to fill up*

« Nous sommes bientôt arrivés ? demande Louis.

— Tout dépend du nombre° de tracteurs et d'animaux sur la route... »

Mais le village de Camembert n'est plus° très loin. Bientôt, un panneau° apparaît au bord de la route : "Camembert".

« Nous sommes arrivés ! crie Louis, heureux. Et je n'ai pas fait d'accident ! »

*nombre : number*
*ne ... plus : no longer*
*panneau (m.) : sign*

Au cœur° du village, ils trouvent une place de parking. « On va pouvoir se dégourdir° les jambes », dit Melba.

Le village est situé sur une colline. Ici, on domine le paysage tout autour°. « La ferme de George n'est probablement pas dans le centre, mais un peu plus loin. »

*au cœur (m.) de : in the heart of*
*se dégourdir : to loosen up*
*tout autour : all around*

Melba et Louis visitent le village. C'est très rapide, car il est tout petit. Il n'y a que trois ou quatre maisons, un musée du fromage, une boutique, une mairie° et une église. L'église est jolie, mais le musée n'est pas encore° ouvert. Il y a beaucoup de visiteurs. Des touristes achètent des souvenirs et des sandwiches à la boutique.

*mairie (f.) : city hall*
*pas encore : not yet*

« Qu'est-ce qu'on fait ? demande Louis.

— Je propose d'aller à la mairie. Ils ont sûrement des informations sur ton ami George.

— Très bonne idée. »

Ils traversent la place° du village. Mais la mairie est fermée aussi. « Elle ouvre à quatorze heures », lit Melba sur la porte. Louis regarde sa montre° : « C'est dans un quart d'heure°. »

*place (f.) : square*　　　　*quart (m.) d'heure : fifteen*
*montre (f.) : watch*　　　　*minutes*

Mais ils n'attendent pas si longtemps : une personne arrive aussi. C'est une employée de la mairie, une dame avec des lunettes° et des cheveux blonds. Elle a une clé° dans la main. « Bonjour, dit-elle. Je suis en avance°. Une petite minute, je vais vous ouvrir. » Elle ouvre la porte. Ils entrent tous les trois dans la grande maison. La dame s'assoit à son bureau°.

lunettes (f. pl.) : glasses       en avance : early
clé (f.) : key       bureau (m.) : desk

« Quelle est la raison° de votre visite ?
— Nous cherchons l'adresse d'un ami, dit Louis.
— Comment s'appelle-t-il ?
— George Boddleby.
— Vous pouvez l'épeler°, s'il vous plaît ?
— Bé, Oh, Dé, Dé, èL, Eu, Bé, Ygrec. »

raison (f.) : reason
épeler : to spell

La dame ouvre un placard° et prend un classeur°. Elle commence à chercher : « A, Bé, Cé… Bé ! … Voyons°… Ba… Be… Bi… Bichon… Bistouri… Blanquette… Non, c'est trop° loin… Bo… Bobine… Bocoin… Bodantier …Botapis… Non, désolée, je ne trouve pas le nom Boddleby dans mes registres. » La dame replace° ses lunettes sur son nez et regarde les deux visiteurs.

placard (m.) : cupboard
classeur (m.) : binder
voyons : let's see
trop : too
replacer : to replace, to put back

« Alors, il n'habite pas à Camembert…, dit Melba.
— En tout cas, pas cette année. Ceci° est le registre actuel°.

— Est-ce que vous pouvez chercher pour les autres années ? Nous sommes presque° sûrs qu'il habitait ici il y a quinze ans, demande Melba.

  — Oui, je vais voir. »

*ceci : this*         *presque : almost*
*actuel : current*

La dame se lève et ouvre un autre classeur. Elle tourne les pages. « Blancheval Jean-Claude… Bocamembert Roger… Oh ! Hé, hé… Quel nom intéressant… Bodanois Marguerite… Ce n'est pas ça. Ah ! Boddleby George ! Voilà, je l'ai trouvé. Il habitait au lieu-dit° Saint-Michel en 2002. Mais nous ne savons pas quand il a déménagé°. Il faudrait° faire des recherches plus longues dans les classeurs.

*lieu-dit (m.) : locality*
*déménager : to move*
*il faudrait : we should*

  — Où se trouve le lieu-dit Saint-Michel, s'il vous plaît ?

  — Entre° Camembert et Crouttes.

  — *Croote ?*

  — Oui, Crouttes. C'est un village de la région, à quatre ou cinq kilomètres. Il y a un plan de la commune sur la place du village. Vous pouvez regarder.

  — Merci, madame. Bonne journée. »

*entre : between*

Dehors, devant la mairie, Louis et Melba réfléchissent. « Bon, dit Melba. Apparemment, il a encore déménagé.

— Quel nomade° !

— Deux déménagements en quinze ans, c'est raisonnable.

— Nous pouvons peut-être trouver sa ferme. Les nouveaux habitants° savent peut-être où il est parti.

— Oui, c'est une bonne idée.

nomade (m.) : nomad
habitant (m.) : inhabitant, occupant


— Tu veux conduire ? demande Louis.

— Ah ? Tu ne veux plus conduire ?

— Si. Mais tu peux. C'est ton tour°. C'est une voiture très agréable.

— D'accord. »

Melba prend donc° le volant, et la voiture démarre.

c'est ton tour : it's your turn
donc : so, therefore, consequently


Louis examine la carte. Maintenant, le soleil brille. Louis ouvre sa vitre°. Un vent° frais joue dans ses cheveux. Il n'y a pas de grande route pour aller à Crouttes. Il n'y a que des petits chemins. « J'espère que nous ne rencontrerons° pas de voitures, dit Melba. La route n'est pas large. »

vitre (f.) : windowpane
vent (m.) : wind
rencontrer : to meet

Après deux ou trois kilomètres, la voiture passe°
devant une ferme. « Tiens°, dit Louis, une ferme. Nous
pouvons demander ici. » Melba allume° le clignotant° et
appuie° doucement sur le frein°. Mais tout à coup, la
voiture reçoit° un choc. « Qu'est-ce que c'est ? » demande
Louis, effrayé°. C'est une autre voiture. Elle a heurté° la
deux-chevaux. Melba se gare° au bord° du chemin.

| | |
|---|---|
| *passer devant : to go past* | *recevoir : to receive* |
| *tiens : look over here* | *effrayé : frightened* |
| *allumer : to switch on* | *heurter : to hit, to collide* |
| *clignotant (m.) : blinker* | *se garer : to park* |
| *appuyer sur : to push, to press* | *au bord de : by the side of* |
| *frein (m.) : brake* | |

Derrière eux, une voiture blanche se gare aussi. Un
automobiliste descend. L'homme approche° et se penche°
sur la vitre de Louis : « Je suis désolé. Je n'avais pas vu°
votre voiture, dit-il.

— J'avais mis le clignotant, dit Melba.

— Oui, dit le monsieur. Pardon, j'étais dans la lune°.
Vous voulez faire un constat° ? »

*approcher : to come near*
*se pencher : to bend*
*vu : seen*
*être dans la lune (f.) : to have one's head in the clouds*
*constat (m.) : report, attestation*

Louis descend et examine l'arrière° de la voiture. « Je
constate qu'il n'y a rien, dit-il.

— Tant mieux°, dit l'homme. Encore une fois, je suis
désolé.

— Pas de souris°, dit Louis.

— Pas de soucis°, dit Melba.

— Merci. Mais je vous assure que je suis un bon automobiliste !

*arrière (f.) : back*
*tant mieux : so much the better*
*souris (f.) : mouse*
*pas de soucis : no worries*

— Vous pouvez peut-être nous rengainer°, dit Louis.

— Pardon ? dit le monsieur.

— Mon mari veut dire : nous "renseigner°".

— Exactement ! dit Louis, vous pouvez peut-être nous rasséréner°,... Nous ranessiéner°... C'est une motte° très difficile pour moi !

— Un "mot"°, Louis. On ne prononce pas le T.

*rengainer : to sheathe*
*renseigner : to inform, to tell*
*rasséréner : to calm*

*ranessiéner : no meaning*
*motte (f.) : clod*
*mot (m.) : word*

— Je peux vous renseigner, dit l'homme, avec plaisir.

— Nous cherchons un Anglais. Il s'appelle George Boddleby. Il avait une ferme dans le foin°.

— Dans le coin°, corrige Melba.

— Vous le connaissez ?

— Mais oui ! » s'exclame le monsieur. Son visage s'éclaire. « Il avait un haras°. C'était mon voisin. Vous voyez, ici, c'est ma ferme. » L'homme montre du doigt° une ferme un peu plus loin. « Son haras est à deux kilomètres d'ici.

*foin (m.) : hay*
*dans le coin (m.) : nearby*

*haras (m.) : stud farm*
*doigt (m.) : finger*

— Qu'est-ce que c'est, un haras ? demande Louis.

— C'est un élevage de chevaux°.

— Un élevage de cheveux° ?

— Euh… Oui, de chevaux. C'est le "haras du Beau Silence". Il a habité ici une quinzaine° d'années, je crois.

*cheval (m.) (pl : chevaux) : horse*
*cheveu (m.) : hair*
*quinzaine (f.) : about fifteen*


— Savez-vous où il habite, maintenant ? demande Melba.

— Il a pris° sa retraite, et il est parti° avec sa femme sur la côte°. À Villers ou Villerville… Je ne me souviens plus très bien.

— Merci beaucoup, monsieur. »

*il a pris : he took*
*partir : to leave*
*côte (f.) : coast*


Louis et Melba remontent dans la voiture. Melba reste au volant. Elle demande : « Tu veux aller voir ce haras ? » Mais Louis est perplexe° :

« Je ne comprends pas, Melba. Il voulait° fonder une ferme. Il est devenu° coiffeur°, finalement ?

*perplexe : puzzled*
*il voulait : he wanted*
*il est devenu : he became*
*coiffeur (m.) : hairdresser*

— Mais non, voyons. » Melba explique le mot "chevaux" à son mari. « Mais alors... Comment s'appellent les cheveux des chevaux ?

— Les chevaux n'ont pas de cheveux, Louis. Ils ont des "poils°" ou des "crins°", et une "crinière°". Bon. Tu veux voir le haras ?

— Pourquoi pas ? »

*poil (m.) : hair*
*crin (m.) : horsehair*
*crinière (f.) : mane*

La petite deux-chevaux continue son chemin. Après deux ou trois kilomètres, un panneau apparaît au milieu des arbres : "Haras du Beau Silence".

« Alors, c'est ici », dit Louis. Melba arrête la voiture. Près de la route, entre les arbres, une grande barrière° blanche ferme la propriété. Plus loin, ils aperçoivent° une grande maison. Dans les champs, autour de la maison, des chevaux paissent° tranquillement. C'est un endroit paisible et accueillant°.

*barrière (f.) : fence*
*apercevoir : to see*
*paître : to graze*
*accueillant : welcoming*

« C'est extraordinaire, dit Louis. Quand on pense... C'est incroyable° d'imaginer que George a habité ici ! » Il devient rêveur°.

*incroyable : unbelievable*
*rêveur : dreamy*

« Qu'est-ce qu'on fait maintenant ? demande Melba. Il n'est pas utile° de visiter, non ?

— On va à Villers ! », dit Louis avec un grand sourire. Melba demande : « Tu devrais° vérifier d'abord si George habite à Villers...

— Mais comment ?

— Dans un annuaire°, par exemple. Il est peut-être abonné° au téléphone... »

*utile : useful*
*tu devrais (v. devoir) : you should*
*annuaire (m.) : telephone directory*
*abonné : subscribed*

Louis ne remarque° pas l'ironie dans la voix de sa femme. Il continue : « Je vais d'abord° chercher Villers sur la carte. » Il ouvre son plan. Après quelques instants, il s'écrie : « Magnifique, c'est au bord de la mer ! Justement, je voulais° voir la mer. » Il regarde sa femme : « C'est parti°, Melba ! Il faut retourner à Vimoutiers, et ensuite, c'est direct. »

*remarquer : to notice*      *je voulais : I wanted*
*d'abord : first*            *c'est parti : we're off !*

Melba soupire : « Bon. Au fait°... Le monsieur a mentionné aussi "Villerville". Tu veux vérifier aussi ? C'est plus prudent°. »

*au fait : by the way*
*prudent : careful, wise*

À nouveau, Louis examine la carte. « Villerville aussi est au bord de la mer, dit-il. Et c'est la même direction. C'est parfait ! Il faut prendre la direction de... Melba ! Il faut retourner à Lisieux ! »

Melba démarre la voiture, et le couple continue sa route. Ils traversent la campagne°, vers le nord. Maintenant, la route est plus large. Mais il y a aussi plus de circulation.

*campagne (f.) : countryside*

Melba est prudente. Elle reste toujours à droite. Elle roule lentement. Beaucoup d'automobilistes préfèrent dépasser°. « Ils vont faire un accident, dit Melba. Ils sont si pressés°. Les Français roulent comme des fous°... »

*dépasser : to overtake*
*pressé : hurried*
*fou : crazy*

Après quarante minutes, ils arrivent à Lisieux. Là, ils perdent° la direction. « Essaye° à gauche, dit Louis. Il faut suivre la direction de Deauville. »
Heureusement, ils retrouvent leur route. Enfin, après une heure supplémentaire, ils arrivent à Deauville. Mais le temps change. Sur la côte, il fait gris et il pleut. « Quel dommage, dit Louis. Nous arrivons à la mer, et il fait mauvais. »

*perdre : to lose*
*essayer : to try*

Dans la ville, il y a beaucoup de circulation, des feux°, des stops, des ronds-points°… « Arrêtons-nous, dit Melba. Pour Villers, il faut aller à gauche. Mais pour Villerville, il faut aller à droite. Je vais chercher un parking. » Mais les parkings sont rares. La petite deux-chevaux tourne patiemment° dans le centre-ville. Finalement, ils se garent.

*feu (m.) : traffic light*
*rond-point (m.) : traffic circle*
*patiemment : patiently*

« Villers ou Villerville ? demande Louis. Tu peux choisir, ma chérie.

— Si° tu aimes jouer les détectives : il est peut-être préférable de vérifier l'adresse de George dans un annuaire téléphonique… Nous trouverons peut-être quelques informations. S'il° n'est pas à Villers, alors il est à Villerville, et vice versa. C'est mieux° que choisir au hasard°, tu ne trouves pas ?

*si : if*
*s' (si) : if*
*mieux que : better than*
*au hasard : at random*

— Mais où trouver un annuaire ?
— Peut-être à la poste, ou dans un café.
— J'ai vu qu'il y avait beaucoup de cafés, dans la grande rue. On y va ? En même temps, nous pouvons prendre une limonade. J'ai soif.
— Très bien. »

Dehors, il y a beaucoup de vent°. « Je vais garder° mon imperméable° », pense Louis. Ils trouvent un café. Ils entrent. Au comptoir°, Louis demande : « Bonjour, monsieur, deux limonades, s'il vous plaît. Et avez-vous un annuaire ?

— Certainement, monsieur », répond le cafetier. Il lui donne un annuaire.

*vent (m.) : wind*
*garder : to keep (on)*
*imperméable (m.) : raincoat*
*comptoir (m.) : counter, bar*

Louis et Melba s'asseoient à une table et ouvrent le gros livre. Louis tourne les pages : « Villiers, La Villette… Ah ! Voilà Villerville, dit-il. A, B, C… Biniou… Binette… Blanbec… Blondinet… Bobine… Bobard… Bocanasson… Bodiner… Bofilou… Je ne trouve pas le nom de George. » Louis regarde sa femme, très déçu.

« Et à Villers ?

— Villers est juste avant Villerville. F, G, H…

— Pas dans ce sens, Louis. » Louis tourne les pages dans l'autre sens. « A, B… Basculette… Bassourdi… Binoche… Bilboquet…

— Alors ? s'impatiente Melba. Donne-moi cet annuaire, s'il te plaît. » Mais Louis continue : « Bocaillou… Bocriquet… Bocruchon… Ah ! Ça y est, Melba ! J'ai trouvé ! Boddleby George, 28 rue de la Clé des champs, à Villers sur mer. » Louis se lève, les bras° en l'air° : « Hourra ! Comme je suis content. J'ai trouvé George. »

*bras (m.) : arm*
*en l'air : aloft, up, raised*

Louis paye l'addition. « Vous avez l'air° contents, messieurs dames, dit le serveur.

— Oui. Vous savez, nous avons fait une longue tripe°. Nous avons tourné en Normandie.

— Vous voulez dire : un long "voyage" ?

— Oui. Effectivement, nous cherchons un ami. Et nous l'avons trouvé ! Il était dans l'annuaire, tout simplement… » Le serveur sourit°. « On trouve tout dans ce grand livre ! »

*avoir l'air : to seem, to look*
*tripe (f.) : tripe*
*sourire : to smile*

Louis et Melba sortent du café. Ils sont pressés°. Ils doivent aller à Villers. Ils marchent vite. Du coup°, Louis oublie son imperméable sur sa chaise. « Monsieur ! appelle le cafetier. Vous oubliez votre manteau ! »

*pressé : hurried*
*du coup : as a result*

Dans leur petite auto, Louis et Melba prennent la route de la mer. « Je suis malade, avec tous ces virages… » De la route, on peut voir la plage.

En vingt minutes, ils arrivent à Villers. Là, ils demandent leur chemin :

« Pardon, madame… La rue de la Clé des champs, s'il vous plaît ?

— C'est à cinq minutes d'ici. Prenez la rue du Petit pot de crème, puis la rue des Champignons de Paris, et vous êtes arrivés. »

La voiture redémarre. Rapidement, ils trouvent la rue de la Clé des champs. Le numéro vingt-huit est une petite maison blanche, avec un toit° en ardoises°. Ils s'arrêtent devant la porte. Louis pose sa main sur son cœur°.

*toit (m.) : roof*
*ardoise (f.) : slate*
*cœur (m.) : heart*

« Je suis ému°. J'ai trouvé George. » Ils appuient° sur la sonnette°. Une sonnerie retentit° à l'intérieur. Les secondes passent... Ils appuient une deuxième fois sur le bouton. Mais rien ne se produit. Il n'y a personne.

*ému : moved, touched*            *sonnette (f.) : doorbell*
*appuyer sur : to push, to press*   *retentir : to resound*

« Qu'est-ce qu'on fait ? demande Louis.
— Je ne sais pas. Il faut revenir plus tard.
— On va voir la mer ?
— Tu as vu le temps ? Avec ce vent et cette humidité, nous allons tomber° malade !
— Mais alors, qu'est-ce qu'on fait ?
— Bon, on peut aller voir la mer quelques minutes, puisque° nous sommes ici...
— Oui ! Et après, on va boire un thé chaud et on revient sonner à la porte. »

*tomber malade : to become ill*
*puisque : since*

Ils prennent leurs imperméables et sortent de la voiture. Puis ils marchent vers la plage. Une rangée° de belles villas fait face° à la mer.

*rangée (f.) : row*
*faire face à : to face towards*

La marée° est basse°. L'étendue° de sable est immense. Il faut marcher longtemps pour atteindre° l'eau. Quelques mouettes° volent dans le ciel gris. On n'entend que le bruit du vent. Une pluie° fine mouille° les visages.

*marée (f.) : tide*
*bas : low*
*étendue (f.) : stretch*
*atteindre : to reach*

*mouette (f.) : seagull*
*pluie (f.) : rain*
*mouiller : to wet*

Melba enroule° une écharpe° autour de son cou°. Louis serre° son manteau autour de ses épaules°. « Excellent ! dit-il. J'adore ce temps à la mer. Si j'étais George, je serais° ici aujourd'hui. »

Mais aujourd'hui, il n'y a personne. A droite comme à gauche, la plage est déserte°.

*enrouler : to wrap*
*écharpe (f.) : scarf*
*cou (m.) : neck*
*désert : deserted*

*serrer : to press, to tighten*
*épaule (f.) : shoulder*
*je serais : I would be*

Sur le sable mouillé, Louis et Melba continuent leur marche.

Peu à peu, ils se rapprochent° de l'eau. Bientôt, ils distinguent° mieux les vagues° et les rochers° noirs dans l'eau grise. Et finalement, au milieu des rochers, une silhouette apparaît.

*se rapprocher de : to get closer to*
*distinguer : to make out, to distinguish*
*vague (f.) : wave*
*rocher (m.) : rock*

« Il y a quelqu'un qui pêche°, là-bas. C'est peut-être George… » Pourtant, comment imaginer George, libraire parisien, puis éleveur de chevaux, seul° ici, dans le vent et la pluie ?

*pêcher : to fish for*
*seul : alone*

Ils arrivent près des rochers. Maintenant, la ville est loin derrière eux. Le pêcheur° est très occupé°. Il a un grand imperméable et une capuche° sur la tête.

« Qu'est-ce qu'il pêche, à ton avis° ? demande Louis.

— Des coquillages°, des crevettes°, peut-être.

— Je vais lui demander. »

*pêcheur (m.) : fisherman*
*occupé : busy*
*capuche (f.) : hood*
*à ton avis : in your opinion*
*coquillage (m.) : shellfish*
*crevette (f.) : shrimp*

Louis marche vers° le pêcheur. Sous la capuche, il voit le visage d'un vieil homme. Ses yeux bleu clair° ont une expression sympathique. « Bonjour, monsieur », dit Louis, en français. Il lève la main pour saluer. « Vous êtes courageux. Ce n'est pas un temps idéal pour pêcher.

— Au contraire, dit l'homme. C'est un temps idéal pour moi.

— Oh ! Je vous comprends. La mer est magnifique dans le vent et la pluie...

— Exactement ! » répond l'homme avec un sourire.

*vers : toward*
*bleu clair : light-blue*

Louis est intéressé. L'homme parle avec un accent. Est-ce un accent anglais ? Il n'ose° pas le demander. Maintenant, l'homme range° ses affaires°. Il ferme son grand sac en cuir°. Louis demande : « Vous pêchez des cravates° ? » L'homme rit et répond : « Oui, mais c'est fini pour aujourd'hui. Il n'y a pas beaucoup de crevettes. Ce n'est pas la bonne saison. »

*oser : to dare*
*ranger : to put away*
*affaire (f.) : belongings*
*cuir (m.) : leather*
*cravate (f.) : necktie*

Après une pause, l'homme demande :
« Vous n'êtes pas Anglais, par hasard° ? Vous avez un petit accent...

*par hasard : by chance*

— Oh ! Vous êtes gentil. J'ai un énorme accent… Oui, nous sommes Anglais. Mais vous… euh… ? »

L'homme rit encore : « Oui ! Moi aussi, je suis Anglais.

— Oh… ! Et vous habitez ici ?

— Oui, depuis sept ans déjà.

— Mais alors, vous connaissez peut-être mon ami George… George Boddleby. Nous avons sonné, mais il n'est pas chez lui. » L'homme se redresse°, très surpris. « George Boddleby ? Mais, c'est moi !

— Comment ? C'est toi, George ? C'est moi, Louis ! Ton vieil ami Louis ! »

*se redresser : to stand up straight*

## Epilogue

Trois Anglais sont assis dans un café. Dehors, il pleut. Mais le thé fume° dans les tasses. Louis et Melba écoutent, ravis, les histoires de leur ami. George, un grand homme maigre° aux yeux bleus, raconte : « Eh oui, j'étais libraire à Paris. Et puis j'ai voulu° changer. Je voulais me rapprocher° de la nature. Alors, je suis parti en Normandie pour devenir° fermier. Et puis j'ai découvert° les chevaux...

fumer : to steam
maigre : thin, skinny
j'ai voulu : I wanted

se rapprocher de : to get closer to
devenir : to become
découvrir : to discover

— Ah ! dit Louis. Je comprends. Donc tu n'étais pas coiffeur, mais éleveur de chevaux.
— Exactement, dit George. J'ai élevé des chevaux pendant° quatorze ans. Maintenant, je suis en retraite.
— Mais tu n'es pas resté à Camembert ?
— Après la retraite, j'ai préféré habiter près de la mer. Surtout° ma femme. Elle adore la mer.

pendant ... ans : for ... years
surtout : especially

— Et ta femme, elle ne pêche pas avec toi ?

— Non, aujourd'hui elle est chez les petits-enfants. Mais elle va bientôt rentrer°. Venez ! Je vais vous la présenter. Et je vais vous montrer ma maison.

— Euh…, dit Melba. Il est déjà tard. Nous devons chercher un hôtel. Mais après, nous pouvons venir chez toi, George.

— Ce n'est pas grave. Vous pouvez dormir chez nous. Nous avons de la place.

— C'est vrai ?

— Oui, ne vous inquiétez° pas. »

*rentrer : to return home*
*s'inquiéter : to worry*

Ils terminent leur thé. « Oh ! dit Melba tout à coup. Nous avons un problème…

— Quoi donc ? demande Louis.

— La voiture… Nous devons retourner à Orbec pour rendre° la voiture.

— Ah ! Oui. C'est vrai… » Louis réfléchit. Tout à coup, il a l'air heureux. Il lève° sa tasse de thé vide. « Champagne, les amis ! Je vais acheter la deux-chevaux.

— Comment ça ? s'étonne Melba.

— Oui, ma chérie. Je vais acheter la voiture. Et nous rentrerons en Angleterre en ferry°. »

*rendre : to give back*
*lever : to raise, to put up*
*ferry (m.) : ferry-boat*

Melba écarquille les yeux :

« Louis ! Tu es fou ? De toute façon, même si° tu achètes la voiture, nous devons aller à Orbec. On n'achète pas une voiture en claquant° des doigts.

— Appelle le propriétaire, propose George. Vous pouvez peut-être trouver une solution.

— Je vais demander un téléphone », dit Louis. Il se lève. « Tiens, dit George. Prends le mien°. » Il plonge° une main dans sa poche° et donne son portable à Louis.

*même si : even if*
*claquer des doigts : to snap one's fingers*
*le mien : mine*
*plonger : to plunge, to thrust*
*poche (f.) : pocket*

Louis discute au téléphone pendant quelques minutes, puis il raccroche°. Il dit : « Ce n'est pas un homme compliqué, ce monsieur Mariano. Je dois lui envoyer° un chèque, et il m'envoie le contrat avec la facture°.

— Excellent ! » répond George.

Melba secoue la tête. Louis claque des doigts.

*raccrocher : to hang back up*
*envoyer : to send*
*facture (f.) : invoice*

Le soir, Louis et Melba dînent chez George et sa femme. La femme de George, Daisy, a préparé un risotto aux crevettes. Le repas est excellent, et la conversation est animée. Les deux hommes parlent de leurs souvenirs.

« Tu te souviens de notre film ?

— Oui, et le tournage° sur la Tamise° !!

— Oui, et le prof d'anglais à l'université, tu te souviens ? » Etc., etc.

*tournage (m.) : shooting*
*la Tamise : river Thames*

Tout à coup, Louis regarde George et dit : « Tu as changé ! Je ne t'ai pas reconnu° sur la plage.

— Moi non plus. Mais en quarante ans, on change un peu, n'est-ce pas° ? » Louis répond en riant : « Oui. Nous étions° jeunes et beaux. Maintenant, nous sommes seulement beaux !

*reconnaître : to recognize*
*n'est-ce pas : isn't it*
*nous étions (v. être) : we were*

— Ce risotto est excellent, dit Melba.

— Merci, répond Daisy. Ce n'est pas compliqué à faire.

— C'est la spécialité de Daisy, dit George. C'est le premier repas qu'elle m'ait préparé.

— Et comment vous êtes-vous rencontrés°, Daisy et toi ?

— Oh ! C'est une histoire amusante... Daisy était ma voisine°, à Paris. Nous nous croisions° tous les jours dans les escaliers. On se disait : "Bonjour ! Bonne journée !" Un jour, elle m'a invité à dîner. Elle a préparé un risotto. Et le lendemain°, elle s'est installée° chez moi. Quelques semaines plus tard, nous nous sommes mariés°. »

*se rencontrer : to meet*

*voisin (m.) : neighbour*
*se croiser : to cross, to pass each other, to run into*
*le lendemain : the next day*
*s'installer : to settle*
*se marier : to get married*


Les quatre amis terminent leur repas. Après le dessert, George dit : « Vous pouvez rester toute la semaine. Vous n'avez pas besoin° de chercher un hôtel. Je vais vous montrer la chambre. »

*avoir besoin de : to need*


C'est une petite chambre, au dernier étage. Il y a des draps° blancs, une commode°, un vase en porcelaine et des fauteuils° confortables. La fenêtre donne° sur un petit jardin. Mais on ne voit plus rien ; il fait nuit.

*drap (m.) : bed sheet*
*commode (f.) : chest of drawers*
*fauteuil (m.) : armchair*
*donner sur : to open onto*


Louis et Melba ont posé leur valise sur une chaise. Maintenant, ils sont couchés dans le grand lit. Il est tard ; tout dort dans la maison.

« Quelle superbe journée, dit Louis. Je suis vraiment très content. » Melba sourit : « Je suis très contente aussi.
— Nous avons trouvé George… Nous avons une nouvelle voiture… Les vacances commencent vraiment bien ! »

Il tourne la tête sur l'oreiller° et regarde sa femme. « Mais le plus beau, ma chérie, c'est de partager° tout ça avec toi. » Melba sourit encore. Elle embrasse° son mari. « Bonne nuit°, Louis.

— Bonne nuit, ma Melba. »

*oreiller (m.) :pillow*
*partager : to share*
*embrasser : to kiss*
*bonne nuit (f.) : good night*

# Glossary

## A

l' **abeille (f.)** *bee, honeybee*
**abîmé(e)** *damaged*
le **abonné (m.)** *subscriber*
**d'abord** *first*
l' **accès (m.)** *entry, entrance*
**d'accord** *okay*
**accueillant(e)** *welcoming*
**accueillir** *to greet, to welcome*
**actuel(le)** *current*
l' **affaire (f.)** *belongings*
l' **affiche (f.)** *poster*
l' **agence (f.) de voyages** *travel agency*
**agréable** *pleasant*
l' **agroalimentaire (m.)** *food-processing industry*
l' **aide (f.)** *help*
**aider** *to help*
**ailleurs** *elsewhere*
**d'ailleurs** *besides, moreover*
**aimable** *kind; friendly*
**aimablement** *kindly*
l' **air (m.)** *air ; look*
**avoir l'air** *to seem, to look*
**ajuster** *to arrange*
l' **aliment (m.)** *food*
l' **Allemand(e)** *German*
**aller** *to go*
**aller chercher** *to go and get*
**s'en aller** *to leave*
**allons !** *come on!*

**nous irons** *we will go*
**allumer** *to switch on*
**s'allumer** *to light up*
l' **âne (m.)** *donkey*
l' **aneth (m.)** *dill*
**animé(e)** *lively*
l' **anis étoilé (m.)** *star anise*
l' **annuaire (m.)** *telephone directory*
**apercevoir** *to see*
**apparaître** *to appear*
l' **appel (m.)** *call*
**apporter** *to bring*
**approcher** *to come near*
**s'approcher** *to approach, to come up to*
**appuyer sur** *to push, to press*
**après tout** *after all*
l' **araignée (f.)** *spider*
**avoir une araignée au plafond** *to have bats in the belfry*
l' **ardoise (f.)** *slate*
l' **armoire (f.)** *wardrobe*
l' **arrêt (m.)** *stopping, halt*
**l'arrêt de bus** *bus stop*
**arrêter** *to stop, to halt*
**s'arrêter** *to stop*
l' **arrière (f.)** *back*
**en arrière** *thrown back*
l' **arrière-boutique (f.)** *back shop*
l' **arrivée (f.)** *arrival*
**arroser** *to water*
l' **ascenseur (m.)** *lift*
**assassiner** *to murder*

**s'asseoir** *to sit down*
  **assieds-toi !** *sit down !*
  **assis(e)** *sitting*
**atteindre** *to reach*
**attendre** *to wait*
**attraper** *to grab*
l' **autoroute (f.)** *highway*
**autour** *around*
  **tout autour** *all around*
**autre** *other*
  **d'autres** *others*
**autrefois** *formerly*
**en avance** *early*
**avancer** *to go forward*
l' **aventure (f.)** *adventure*
l' **avis (m.)** *opinion*
  **à ton avis** *in your opinion*
  **changer d'avis** *to change one's mind*
**avoir** *to have*
  **j'avais** *I had, used to have*
  **il avait** *he used to have, he had*
  **il a eu** *he has had, he had*

# B

**bâcler** *to dash off, to botch*
le **bagage (m.)** *luggage*
la **balade (f.)** *stroll, walk*
le **banc (m.)** *bench*
la **bande (f.)** *videotape*
la **barrière (f.)** *fence*
**bas(se)** *low*
le **bâtiment (m.)** *building*
le **bercement (m.)** *rocking movement*
le **besoin (m.)** *need*
  **avoir besoin de** *to need*
**bien sûr** *of course*

le **bijou (m.)** *jewel*
le **bisou (m.)** *kiss*
le **bistrot (m.)** *café, bar, pub*
**bleu clair** *light-blue*
**bloquer** *to block, to obstruct*
la **boisson (f.)** *drink*
la **boîte (f.)** *box ; can*
**bondé(e)** *crammed, full*
le **bord (m.)** *edge*
  **au bord de** *at the edge of ; by the side of*
la **borne (f.) (fam.)** *kilometer*
la **bouche (f.)** *mouth*
**bouclé(e)** *curled*
la **bouilloire (f.)** *kettle*
le **bout (m.)** *end*
  **au bout de** *at the end of*
la **bouteille (f.)** *bottle*
le **bras (m.)** *arm*
**briller** *to shine*
le **bruit (m.)** *noise, sound*
le **bureau (m.)** *desk*

# C

**c'est-à-dire** *that is (to say)*
**ça y est** *that's it*
**caché(e)** *hidden*
le **cadeau (m.)** *gift, present*
le **cambouis (m.)** *grease, oil*
la **campagne (f.)** *countryside*
le **canard (m.)** *duck*
la **capuche (f.)** *hood*
le **car (m.)** *bus*
le **carnet (m.)** *notebook*
le **carton (m.)** *cardboard box*
le **cas (m.)** *case*
  **en tout cas** *in any case*
le **casque (m.)** *headphones*

la **casquette (f.)** *cap*
le **casse-croûte (m.)** *snack*
la **casserole (f.)** *saucepan*
**ceci** *this*
**celui-là (celle-là)** *that one*
la **chaise (f.)** *chair*
le **champ (m.)** *field*
la **chance (f.)** *luck*
  **avoir de la chance** *to be lucky*
  **bonne chance** *good luck*
**changer** *to change*
  **changer d'avis** *to change one's mind*
le **chapeau (m.)** *hat*
**chaque** *each*
le **chariot (m.)** *trolley*
le **château (m.)** *castle*
le **chemin (m.)** *way, path*
la **chemise (f.)** *shirt*
**chercher** *to look for*
le **cheval (pl : chevaux)** *horse*
le **cheveu (m.)** *hair*
le **chevreuil (m.)** *roe deer*
**choisir** *to choose*
le **ciel (m.)** *sky*
la **circulation (f.)** *traffic*
**claquer** *to slap, to make a clicking sound*
  **claquer des doigts** *to snap one's fingers*
le **classeur (m.)** *binder*
la **clé (f.)** *key*
le **clignotant (m.)** *blinker*
**cliquer** *to click (on a computer)*
  **cliquer à côté** *to miss*
le **cœur (m.)** *heart*
  **au cœur de** *in the heart of*
le **coffre (m.)** *boot ; trunk*
le **coiffeur (m.)** *hairdresser*

le **coin (m.)** *corner ; spot*
  **dans le coin** *around here, nearby*
la **colline (f.)** *hill*
le **colombage (m.)** *half-timbering*
la **commande (f.)** *control*
**comme** *like*
**comment** *how*
la **commode (f.)** *chest of drawers*
**comprendre** *to understand*
  **il a compris** *he has understood*
le **comptoir (m.)** *counter, bar*
le **concierge (m.)** *housekeeper*
**conduire** *to drive*
la **confiance (f.)** *confidence, trust*
  **avoir confiance en** *to have confidence in*
**connaître** *to know*
  **il connaissait** *he used to know*
la **conserve (f.)** *canned food*
  **la boîte de conserve** *tin can*
le **constat (m.)** *report, attestation*
**consterné(e)** *appalled*
**content(e)** *happy*
le **contrat (m.)** *contract*
le **coquillage (m.)** *shellfish*
le **corsage (m.)** *blouse*
la **côte (f.)** *coast*
le **côté (m.)** *side*
  **à côté de** *next to*
la **cotte (f.)** *overalls*
le **cou (m.)** *neck*
**couché(e)** *lying*
**coudre** *to sew*
le **couloir (m.)** *corridor, passage, aisle*
**du coup** *as a result*

la **cour (f.)** *courtyard*
**courir** *to run*
le **court-métrage (m.)** *short film*
la **cravate (f.)** *necktie*
la **crème (f.)** *cream*
la **crevette (f.)** *shrimp*
le **crin (m.)** *horsehair*
la **crinière (f.)** *mane*
**croire** *to believe*
**se croiser** *to cross, to pass each other, to run into*
le **cuir (m.)** *leather*
**cuisiner** *to cook*
la **cuisinière (f.)** *cook*
la **curiosité (f.)** *curiosity*

# D

**d'abord** *first*
**d'accord** *okay*
**d'ailleurs** *besides, moreover*
**à la débandade** *in disarray*
**debout** *standing*
le **début (m.)** *beginning*
**décoré(e)** *decorated*
**découvrir** *to discover*
**dedans** *inside*
**défiler** *to stream past; to succeed one another*
**se dégourdir** *to loosen up*
**dégoûtant(e)** *disgusting*
**dehors** *outside*
**déjà** *already*
**démarrer** *to start up*
**déménager** *to move, to relocate*
**dépasser** *to overtake, to pass ; to show, to stick out*
**se dépêcher** *to hurry*

**depuis** *since*
**déranger** *to bother, to disturb*
**derrière** *behind*
**descendre** *to get off ; to go down*
**désert(e)** *deserted*
le **désordre (m.)** *untidiness*
**desserrer** *to loosen*
le **destin (m.)** *destiny*
**détruire** *to destroy*
**devant** *in front of*
**devenir** *to become*
**il est devenu** *he became*
**devoir** *to have to*
**tu devrais** *you should*
**dire** *to say*
**dire qch à qn** *to appeal to someone*
**diriger** *to guide*
**se diriger vers** *to head toward*
**discuter** *to talk*
**disparaître** *to disappear*
**disponible** *available*
**distinguer** *to make out, to distinguish*
**distraire** *to distract, to divert*
**distrait(e)** *absentminded*
le **distributeur (m.) de billets** *cash-point*
la **dizaine (f.)** *about ten*
le **doigt (m.)** *finger*
**dominer** *to overlook*
**donc** *so, therefore, consequently*
**donner** *to give*
**donner sur** *to open onto*
**dormir** *to sleep*
le **dos (m.)** *the back*
la **douane (f.)** *customs*
**doucement** *slowly*
**doué(e)** *gifted, talented*

**doux(ce)** *soft, mild*
le **drap (m.)** *bed sheet*
**durer** *to last*

# E

**écarquiller les yeux** *to open one's eyes wide*
**s'échapper** *to escape*
l' **écharpe (f.)** *scarf*
**éclairer** *to light up, to shine*
l' **écran (m.)** *screen*
**effaré(e)** *aghast*
**effectivement** *indeed*
l' **effort (m.)** *effort*
**effrayé(e)** *frightened*
l' **embarquement (m.)** *boarding*
l' **embouteillage (m.)** *bottleneck, traffic jam*
**embrasser** *to kiss*
l' **employé (m.)** *employee*
**emporter** *to take*
**ému(e)** *moved, touched*
**en (pronoun)** *some, of it*
  **s'en aller** *to leave*
**encore** *again ; still*
  **encore plus** *even more*
**endormi(e)** *asleep*
**s'endormir** *to fall asleep*
**énerver qn** *to irritate*
**s'énerver** *to get angry*
l' **enfance (f.)** *childhood*
**enfoncer** *to push in, to crush*
l' **engin (m.)** *machine, device*
**ennuyer** *to annoy, to bother*
**enrouler** *to wrap*
**ensuite** *afterwards, then*
**entier(ère)** *entire*
**entre** *between*
l' **entrée (f.)** *entrance*

l' **enveloppe (f.)** *envelope*
l' **envie (f.)** *desire, wish, longing*
  **avoir envie de** *to feel like, to want, to wish*
**envoyer** *to send*
l' **épaule (f.)** *shoulder*
**épeler** *to spell*
l' **épice (f.)** *spice*
l' **épicerie (f.)** *grocery store*
**à l'époque** *at that time*
l' **épouse (f.)** *wife*
l' **erreur (f.)** *error*
l' **escalier (m.)** *stairs*
**espérer** *to hope*
l' **essai (m.)** *trial*
**essayer** *to try*
l' **essuie-glace (m.)** *windshield wiper*
**essuyer** *to wipe, to dry*
l' **étagère (f.)** *shelf*
**était (v. être)** *was, used to be*
l' **étendue (f.)** *stretch*
**éternuer** *to sneeze*
**étonné(e)** *astonishment*
**être** *to be*
  **il était** *he was, used to be*
  **nous étions** *we were*
  **il sera** *he will be*
  **ce sera** *it will be*
  **je serais** *I would be*
  **ce serait** *it would be*
  **nous serions** *we would be*
**eu (v. avoir)** *had*
l' **événement (m.)** *event*
**expiré(e)** *expired*

# F

**en face de** *in front of, opposite*

**faire face à** *to face towards*
**fâché(e)** *angry*
la **facture (f.)** *invoice*
la **faim (f.)** *hunger*
  **avoir faim** *to be hungry*
**faisait (v. faire)** *did*
**au fait** *by the way*
**falloir** *must, have to, need to*
  **il faudrait** *we should*
  **il faut** *one has to*
la **farine (f.)** *flour*
le **fauteuil (m.)** *armchair*
la **fenêtre (f.)** *window*
la **ferme (f.)** *farm*
**fermer** *to close*
le **fermier (m.)** *farmer*
le **ferry (m.)** *ferry-boat*
le **feu (m.)** *traffic light*
**fixer** *to stare*
**flatté(e)** *flattered*
la **flèche (f.)** *arrow*
**flûte (interj.)** *darn, drat*
le **foin (m.)** *hay*
la **fois (f.)** *time*
  **cette fois** *this time*
  **deux fois** *twice*
  **une autre fois (f.)** *another time*
  **une nouvelle fois (f.)** *another time*
  **au fond de** *at the bottom of, at the back of*
la **forêt (f.)** *forest, wood*
la **formalité (f.)** *formality*
**fort(e)** *loudly ; strong*
**fou (folle)** *crazy*
**fouiller** *to rummage through*
**frais (fraîche)** *fresh*
**frapper** *to knock*
le **frein (m.)** *brake*

**fréquenter** *to patronize*
  **il fréquenterait** *he would patronize*
le **fromage (m.)** *cheese*
**froncer les sourcils** *to knit one's brow*
le **front (m.)** *forehead*
**fumer** *to steam ; to smoke*

# G

**gagner** *to win*
  **gagner du temps** *to save time*
**garder** *to keep (on)*
**garer** *to park*
**se garer** *to park*
le **genou (m.)** *knee*
**germer** *to sprout, to form*
le **geste (m.)** *gesture, movement*
**glisser** *to slide*
le **goût (m.)** *taste*
le **grenier (m.)** *attic*
la **grenouille (f.)** *frog*
le **grillon (m.)** *cricket*
la **guerre (f.)** *war*
le **guichet (m.)** *counter*
**guider** *to guide*
**Guillaume le Conquérant** *William the conqueror*

# H

l' **habitant (m.)** *inhabitant, occupant*
l' **habitude (f.)** *habit*
  **avoir l'habitude de** *to be used to*
  **d'habitude** *usually*

le **haras (m.)** *stud farm*
le **hasard (m.)** *chance, coincidence*
  **au hasard** *at random*
  **par hasard** *by chance*
  **hausser les sourcils** *to raise one's eyebrows*
  **en haut de** *on the top of*
le **haut-parleur (m.)** *loudspeaker*
  **hésiter** *to hesitate*
  **heurter** *to hit, to collide*
  **horrifié(e)** *horrified*
l' **humeur (f.)** *mood*
  **être de bonne humeur** *be in a good mood*
  **être de mauvaise humeur** *to be in a bad mood*

# I

**il y a** *ago ; there is, there are*
**imaginer** *to imagine*
**impatient** *impatient*
**s'impatienter** *to lose patience*
**impeccable** *perfect*
l' **imperméable (m.)** *raincoat*
**imprimer** *to print*
**inachevé(e)** *unfinished*
l' **inconnu (m.)** *unknown person, stranger*
**incroyable** *unbelievable*
l' **indice (m.)** *clue ; sign, indication*
**indiquer** *to show, to point out*
**inquiet(ète)** *worried*
**s'inquiéter** *to worry*
**s'installer** *to settle*
**insupportable** *unbearable*
**interloqué(e)** *taken aback*

**interrompre** *to interrupt*
**intervenir** *to intervene*
**inutile** *pointless*
**invendable** *unsellable*
**inverse** *opposite*
**nous irons (v. aller)** *we will go*

# J

la **jambe (f.)** *leg*
le **jambon (m.)** *ham*
**jaune** *yellow*
**jeter** *to throw away*
la **jeunesse (f.)** *youth*
le **jour (m.)** *day*
  **au jour le jour** *from day to day*
la **jupe (f.)** *skirt*
**jusqu'à** *up to*
**justement** *just*

# K

le **klaxon (m.)** *horn*
**klaxonner** *to honk*

# L

**là** *there*
**là-bas** *over there, there*
**là-dedans** *in here*
le **lave-vaisselle (m.)** *dishwasher*
**léger(ère)** *light*
le **légume (m.) sec** *dried pulse*
**le lendemain** *the next day*
**lentement** *slowly*
**levé(e)** *up, raised*
**lever** *to raise ; to put up*

**se lever** *to get up, to stand up*
le **levier (m.) de vitesse** *gearshift*
la **libellule (f.)** *dragonfly*
la **librairie (f.)** *bookstore*
le **lieu-dit (m.)** *locality*
la **ligne (f.)** *line, route*
  **en ligne** *online*
le **linge (m.)** *linen*
**loin** *far*
**longtemps** *a long time*
**louer** *to rent*
**lourd(e)** *heavy*
**lui** *him, to him*
la **lumière (f.)** *light*
la **lune (f.)** *moon*
  **lune de miel** *honeymoon*
  **être dans la lune** *to have one's head in the clouds*
les **lunettes (f. pl.)** *glasses*

# M

la **machine (f.) à coudre** *sewing machine*
**maigre** *thin, skinny*
le **maillot (m.) de bain** *bathing suit*
la **main (f.)** *hand*
**maintenant** *now*
la **mairie (f.)** *city hall*
**mal assuré(e)** *hesitantly*
**malade** *ill*
  **tomber malade** *to fall ill, to become sick*
la **malle (f.)** *trunk*
la **manche (f.)** *sleeve*
la **Manche (f.)** *the Channel*
la **manière (f.)** *way, manner*
  **de cette manière** *this way*

**d'une certaine manière** *in a way*
le **manteau (m.)** *coat*
le **marché (m.)** *market*
  **le marché aux puces** *flea market*
**marcher** *to walk*
la **marée (f.)** *tide*
le **mari (m.)** *husband*
**se marier** *to get married*
le **marteau (m.)** *hammer*
**mauvais(e)** *bad*
**meilleur(e)** *best*
**même** *even ; same*
  **même pas** *not even*
  **même si** *even if*
la **mémoire (f.)** *memory*
le **menton (m.)** *chin*
la **mer (f.)** *see*
**mériter** *to deserve*
**merveilleux(se)** *wonderful*
le **métier (m.)** *profession*
**mettre** *to put*
**à mi-chemin** *halfway*
**le mien (la mienne)** *mine*
**mieux** *better*
  **mieux que** *better than*
**mignon(onne)** *sweet, cute*
**mince** *slim*
**minuscule** *tiny*
**minutieux(se)** *detailed*
**moins** *less*
  **moins de …** *fewer …*
  **moins … que** *less … than*
la **moitié (f.)** *half*
le **monde (m.)** *world ; people*
  **du monde** *some people*
  **tout le monde** *everyone*
**monter** *to go up, to climb*
la **montre (f.)** *watch*
**montrer** *to show*

se **montrer** *to appear*
le **mot (m.)** *word*
  **les mots croisés** *crossword puzzle*
la **motte (f.)** *clod*
la **mouche (f.)** *fly*
la **mouette (f.)** *seagull*
  **mouiller** *to wet*
la **moustache (f.)** *moustache*
le **mur (m.)** *wall*

# N

**n'est-ce pas** *isn't it*
**ne ... plus** *no longer, not... any more*
**nécessaire** *necessary*
le **nez (m.)** *nose*
**ni ... ni** *neither ... nor*
le **nomade (m.)** *nomad*
le **nombre (m.)** *number*
la **nourriture (f.)** *food*
le **nuage (m.)** *cloud*
la **nuit (f.)** *night*
  **bonne nuit** *good night*
  **il fait nuit** *it's dark out*

# O

**observer** *to observe, to watch*
l' **occasion (f.)** *chance, opportunity*
**occupé(e)** *busy*
l' **œuf (m.)** *egg*
**offrir** *to offer*
l' **oie (f.)** *goose*
l' **ordinateur (m.)** *computer*

l' **oreille (f.)** *ear*
**oser** *to dare*
**oublier** *to forget*
**ouf (interj.)** *phew*
l' **outil (m.)** *tool*
**ouvert** *open ; opened*
**ouvrir** *to open*

# P

la **page (f.)** *page*
le **paiement (m.)** *payment*
le **pain (m.)** *bread*
  **le pain de mie** *white bread*
**paître** *to graze*
le **palier (m.)** *landing*
la **panne (f.)** *breakdown*
  **en panne** *out of order*
le **panneau (m.)** *signpost*
le **paquet (m.)** *pack*
**partager** *to share*
**partir** *to leave*
  **il est parti** *he is gone, he left*
**partout** *everywhere*
le **pas (m.)** *step*
**pas du tout** *not at all*
**pas encore** *not yet*
le **passant (m.)** *passerby*
le **passé (m.)** *past*
**passer** *to go past ; to pass by*
**passer devant** *to go past*
se **passer** *to happen*
**passionnant(e)** *exciting*
**passionné(e) de** *passionate about*
**patiemment** *patiently*
la **patience (f.)** *patience*
le **pavé (m.)** *pavement*
le **paysage (m.)** *landscape*
**pêcher** *to fish for*

le **pêcheur (m.)** *fisherman*
**penché(e)** *leaning*
**se pencher** *to bend*
**pendant** *during*
  **pendant ... ans** *for ... years*
**penser** *to think*
**pensif** *pensive, thoughtful*
**perdre** *to lose, to waste*
  **perdu(e)** *lost*
la **perle (f.)** *bead*
**perplexe** *puzzled*
le **petiot (m.)** *teeny-weeny*
**peu à peu** *slowly*
la **peur (f.)** *fear*
  **avoir peur (de)** *to fear,
  to be afraid (of)*
  **peut-être** *maybe, perhaps*
le **pied (m.)** *foot*
la **pierre (f.)** *stone*
le **pigeon (m.)** *pigeon*
**pire** *worse*
le **placard (m.)** *cupboard*
la **place (f.)** *square*
le **plafond (m.)** *ceiling*
**plaisanter** *to joke*
le **plaisir (m.)** *pleasure*
  **au plaisir** *see you soon*
  **faire plaisir à qn** *to please
  someone*
le **platane (m.)** *plane tree*
le **plateau (m.)** *tray*
**plein(e)** *full*
  **faire le plein** *to fill up*
**pleuvoir** *to rain*
**plonger** *to plunge, to thrust*
la **pluie (f.)** *rain*
**plus** *more*
  **de plus en plus** *more
  and more*
  **plus tard** *later*
**plutôt** *rather*

la **poche (f.)** *pocket*
le **poil (m.)** *hair*
le **poisson (m.)** *fish*
**poliment** *poliment*
le **pommier (m.)** *apple tree*
**porter** *to carry*
la **portière (f.)** *door*
**poser** *to put (down)*
le **pot (m.)** *pot, jar*
la **poule (f.)** *hen*
**pousser** *to push*
**pouvoir** *can, to be able to*
  **j'ai pu** *I could*
  **vous pourriez** *you could*
**préférer** *to prefer*
**prendre** *to take*
  **nous prenions** *we took*
  **il a pris** *he has taken*
**près de** *near*
**presque** *almost*
**pressé(e)** *hurried*
**prêt(e)** *ready*
le **produit alimentaire (m.)** *food*
**se promener** *to go for a walk*
le **propriétaire (m.)** *owner*
**prudent(e)** *careful, wise*
**j'ai pu (v. pouvoir)** *I could*
**puisque** *since*

# Q

**qu'est-ce que** *what*
**quarante** *forty*
le **quart (m.) d'heure** *fifteen
minutes*
le **quartier (m.)** *district*
**quatorze** *fourteen*
**quel(le)** *which, what*
**quelque part** *somewhere*
**quelques** *some, few*

la **question (f.)** *question*
  **pas question** *no way*
la **queue (f.)** *tail ; queue, line*
  **faire la queue** *to stand in line, to queue*
la **quinzaine (f.)** *about fifteen*
  **quitter** *to leave*

# R

**raccrocher** *to hang back up*
**raconter** *to tell*
la **raison (f.)** *reason*
  **avoir raison** *to be right*
**raisonnable** *reasonable*
la **rangée (f.)** *row*
**ranger** *to put away ; to tidy up*
le **rapport (m.)** *connection, relation*
  **se rapprocher de** *to get closer to*
**rasséréner** *to calm*
**rater** *to miss*
**ravi(e)** *delighted*
**ravissant(e)** *delightful*
**réagir** *to react*
**réapparaître** *to reappear, to come back*
la **réception (f.)** *reception*
**recevoir** *to receive*
**reconnaître** *to recognize*
**récupérer** *to get back*
**redevenir** *to become again*
**se redresser** *to sit up, to stand up straight*
**refermer** *to close again*
**réfléchir** *to think about*
le **regard (m.)** *look, expression*
**regretter** *to regret*
**se rencontrer** *to meet*

**remarquer** *to notice*
**remonter** *to go back up*
**rempli(e)** *filled (up)*
le **renard (m.)** *fox*
**rencontrer** *to meet*
**rendre** *to give back*
  **rendre un service (m.)** *to do a favor*
**rengainer** *to sheathe*
le **renseignement (m.)** *information*
**renseigner** *to inform, to tell*
**rentrer** *to return home*
**repartir** *to start again*
le **repas (m.)** *meal*
**repenser à** *to think again of*
**replacer** *to replace, to put back*
le **répondeur (m.)** *answering machine*
**répondre** *to answer*
**se reposer** *to have a rest*
**reprendre** *to take over*
le **réservoir (m.) à essence (f.)** *petrol tank*
**rester** *to stay*
  **rester debout** *to remain standing*
**en retard (m.)** *late*
**retentir** *to ring out, to resound*
**retourner à** *to return, to go back to*
la **retraite (f.)** *retirement*
  **en retraite / à la retraite** *retired*
**se réveiller** *to wake up*
**rêver** *to dream*
**rêveur(se)** *dreamy*
**revoir** *to see again*
le **rez-de-chaussée (m.)** *first floor*
le **rhume (m.)** *cold*
  **le rhume des foins** *hay fever*

**rire** *to laugh*
**risqué(e)** *risky*
la **rive (f.)** *bank*
la **rivière (f.)** *river*
la **robe (f.)** *dress*
   la **robe de mariée (f.)** *wedding dress*
le **rocher (m.)** *rock*
le **romancier (m.)** *novelist*
le **rond-point (m.)** *traffic circle*
**ronfler** *to snore*
**rouillé(e)** *rusty*
**rouler** *to roll, to move along well ; to drive*
la **roulette (f.)** *caster*
**rouspéter** *to fuss*
le **ruban (m.)** *ribbon*
la **rue (f.)** *street*

# S

**s' (si+voyelle)** *if*
le **sac (m.)** *bag*
   le **sac à main** *handbag*
**sale** *dirty*
la **salle (f.) à manger** *dining room*
le **sanglier (m.)** *wild boar*
**sans** *without*
le **satin (m.)** *satin*
**sauter** *to jump*
**séché(e)** *dried*
**secouer** *to shake*
**sembler** *to seem*
la **semelle (f.)** *sole*
**sensible** *sensitive*
**se sentir** *to feel*
**sera (v. être)** *will be*
**serait (v. être)** *would be*

**serions (v. être)** *would be*
**serrer** *to press, to tighten*
**servir** *to serve*
le **seuil (m.)** *doorstep*
**seul(e)** *alone*
**seulement** *only*
**sévèrement** *severely*
**si** *if ; so*
le **siège (m.)** *seat*
le **signe (m.)** *sign*
**signer** *to sign*
**sinueux(se)** *sinuous, winding*
la **soie (f.)** *silk*
le **sol (m.)** *ground, floor*
le **soleil (m.)** *sun*
**sonner** *to ring the doorbell*
la **sonnerie (f.)** *bell*
la **sonnette (f.)** *doorbell*
**sortir** *to go out*
le **souci (m.)** *worry*
   **pas de soucis** *no worries*
**souffler** *to whisper*
le **souhait (m.)** *wish*
   **à vos souhaits !** *bless you !*
le **soulagement (m.)** *relief*
le **soupir (m.)** *sigh*
**soupirer** *to sigh*
la **souplesse (f.)** *suppleness*
le **sourcil (m.)** *eyebrow*
le **sourire (m.)** *smile*
**sourire** *to smile*
la **souris (f.)** *mouse*
**se souvenir de** *to remember*
**stupéfait(e)** *amazed*
**suivre** *to follow*
**sûr(e)** *secure ; sure, certain*
**sursauter** *to jump*
**surtout** *especially*

# T

le **tableau (m.)** *painting*
le **tablier (m.)** *apron*
**tailler** *to trim*
le **talon (m.)** *heel*
la **Tamise (f.)** *river Thames*
**tant mieux** *so much the better*
**tant pis** *too bad*
**taper** *to type*
la **tasse (f.)** *cup*
**téméraire** *rash, reckless*
la **tendresse (f.)** *affection*
**tenir** *to hold*
**terminer** *to finish*
le **terminus (m.)** *end of the line*
la **tête (f.)** *head, mind*
le **thon (m.)** *tuna*
**tiens ! (interj.)** *look over here !*
**tirer** *to pull*
le **tiroir (m.)** *drawer*
le **tissu (m.)** *fabric*
le **toit (m.)** *roof*
**tomber** *to fall*
   **tomber malade** *to become ill*
la **touche (f.)** *key*
**toujours** *still*
le **tour (m.)** *turn*
   **c'est ton tour** *it's your turn*
le **tournage (m.)** *shooting*
**tourner** *to turn ; to shoot*
   **tourner les talons** *to go away*
**tout à coup** *suddenly*
**tout autour** *all around*
**en tout cas** *in any case*
**tout ce que** *everything that*
**tout droit** *straight on*
**tout le monde** *everyone*
le **trac (m.)** *nerves*

le **tracteur (m.)** *tractor*
**tranquille** *quiet*
**tranquillement** *quietly*
**traverser** *to cross, to go through*
la **tripe (f.)** *tripe*
**trop** *too*
le **trottoir (m.)** *sidewalk*
**trouver** *to find*
**se trouver** *to be, to be located*

# U

l' **usine (f.)** *factory*
**utile** *useful*

# V

la **vache (f.)** *cow*
**vagabonder** *to wander*
la **vague (f.)** *wave*
la **vaisselle (f.)** *dishes*
**valider** *to validate*
la **valise (f.)** *bag*
la **vallée (f.)** *valley*
**venir** *to come*
   **venir chercher** *to come and get*
le **vent (m.)** *wind*
le **ver (m.) de terre** *earthworm*
**verdoyant(e)** *green, verdant*
**verra (v. voir)** *will see*
le **verre (m.)** *glass*
**vers** *toward*
le **vêtement (m.)** *garment*
**veuillez (v. vouloir)** *please*
**vexé(e)** *upset*
la **vie (f.)** *life*
**violemment** *violently*
le **virage (m.)** *curve*

le **visage (m.)** *face*
la **vitre (f.)** *windowpane*
la **vitrine (f.)** *shop window*
**vivre** *to live*
**voir** *to see*
  **on verra** *we will see*
  **nous verrons** *we will see*
  **voyons** *let's see*
  **il a vu** *he has seen*
le **voisin (m.)** *neighbour*
le **volant (m.)** *steering wheel*
**vouloir** *to want*
  **veuillez** *please*
  **il voulait** *he wanted*
**voyons (v. voir)** *let's see*

**vrai(e)** *true*
**vraiment** *really*
**vu (v. voir)** *seen*

# Y

**y (pronom)** *there*
**il y a** *ago ; there is, there are*

# Z

**zut !** *drat!*

# Bibliography

**Other books by the same author :**
Le pendentif, easy French Stories, ISBN: 9782954458915
[E-book]

# Notes

29284230R00067

Made in the USA
Lexington, KY
20 January 2014